*Otto Theodor Schulz*

# Das Leben des Kaisers Hadrian

Otto Theodor Schulz

**Das Leben des Kaisers Hadrian**

ISBN/EAN: 9783955644062

Auflage: 1

Erscheinungsjahr: 2013

Erscheinungsort: Bremen, Deutschland

@ EHV-History in Access Verlag GmbH, Fahrenheitstr. 1, 28359 Bremen. Alle Rechte beim Verlag und bei den jeweiligen Lizenzgebern.

# LEBEN DES KAISERS HADRIAN

QUELLENANALYSEN UND
HISTORISCHE UNTERSUCHUNGEN VON

OTTO TH. SCHULZ

DRUCK UND VERLAG VON B. G. TEUBNER IN LEIPZIG 1904

## Inhaltsverzeichnis

| | | Seite |
|---|---|---|
| Einleitung | | 1 |
| I | Die Vorgeschichte des Kaisers | 7 |
| II | Die Übernahme des Imperium durch Hadrianus im Orient und sein Zug an die Donau | 27 |
| III | Kaiser Hadrians Übernahme des Imperium in Rom und sein erster Aufenthalt in der Stadt | 39 |
| IV | Hadrians Reisen | 50 |
| | § 1 Die erste große Reise des Kaisers | 50 |
| | § 2 Der Kaiser in Rom und Afrika und seine zweite große Reise | 69 |
| V | Die Komposition der Vita Hadriani c. 14, 8b—17, 12 | 84 |
| VI | Vita Hadriani c. 18—22 | 90 |
| VII | Der Schluß der Vita Hadriani c. 23—27: Des Kaisers Ende | 97 |
| Schluß | | 121 |
| Anhang: Die Vita des Helius | | 125 |
| Beigabe I | | 133 |
| Beigabe II | | 142 |

# Einleitung

Schon immer war für jeden, der sich mit der Geschichte der römischen Kaiserzeit des zweiten und dritten nachchristlichen Jahrhunderts beschäftigen wollte, eine Stellungnahme zu den Nachrichten die auf uns in dem Corpus der sogenannten Scriptores Historiae Augustae[1]) gekommen sind, ein wichtiges Erfordernis: in Zukunft kann diese Stellungnahme nicht mehr auf Grund allgemeiner Erörterungen und Hypothesen im Sinne einer Parteinahme pro oder contra oder halb dies halb das aufgefaßt werden; denn ein großer Teil des Verständnisses dieser hochwichtigen Periode der römischen Kaisergeschichte hängt eben von der Intensität ab, mit der man es versteht, selbst die kleinsten Notizen des Grundstockes der Viten, welchen ich für die Zeit von Pertinax bis auf M. Aurelius Antoninus (Caracalla) als den sachlich-historischen bezeichnet und nachgewiesen[2]) habe, geschichtlich zu verwerten. So wird gerade durch die Detailarbeit nicht selten ein neues Licht auf Verhältnisse und Persönlichkeiten fallen, das manche dunkle oder verdunkelte Stelle unserer Erkenntnis erleuchten und das Interesse von neuem der Einzelarbeit gewinnen kann; ja auch aus dem biographischen Wuste des Corpus, seinem bekannteren zweiten Hauptbestandteile, wird sich einiges herausheben, das die Beachtung des Historikers verdient.

Als ich an die SHA vor etwa drei Jahren, durch ein besonderes Interesse für das zweite und dritte Jahrhundert der römischen Kaiserzeit von jeher geleitet, herantrat, handelte es sich für mich anfangs darum, zu prüfen, ob und wie weit Dessaus Bemerkung im Hermes XXVII 601 ff. berechtigt sei, daß nämlich in dem verschrieenen

---

1) Im folgenden stets abgekürzt SHA.
2) „Beiträge zur Kritik unserer literarischen Überlieferung für die Zeit von Commodus' Sturze bis auf den Tod des M. Aurelius Antoninus (Caracalla)", Leipzig 1903, Verlag von Bernhard Liebisch; in dieser Arbeit einfach als „Beiträge" zitiert.

Corpus der SHA, hauptsächlich in dem vorderen Teile der Viten, brauchbares Material vorläge. Bald ergab sich mir das überraschende Resultat, daß wirklich ein großer Bruchteil der Nachrichten der Viten auf geradezu erstklassigem Material beruhe. Ein zweites Ergebnis folgte: kein Marius Maximus, keine acta diurna vermittelten dies dereinst dem oder den kläglichen Exzerptoren, sondern ein historisches Werk von der Hand eines Mannes, der nirgends in der ganzen Sammlung erwähnt wird und den ich auch heute noch nicht benennen kann, eines Zeitgenossen des Dio Cassius, der lateinisch schrieb und ein Historiker ist von einem Werte, wie ihn niemand für die Zeit des dritten nachchristlichen Jahrhunderts vermutet hätte, der an Scharfblick und Einsicht den vielgerühmten Dio weit übertrifft, ja gegen Dio, bezw. die irrigen Anschauungen des Dionischen Kreises des öfteren direkt polemisiert.

Ich habe mich nun zunächst in meinen „Beiträgen" bemüht, den Anteil dieses Gewährsmannes an den Biographien von Pertinax bis auf Geta, 192—217 n. Chr., festzustellen und anschließend an die kritischen Erörterungen sodann auf die historische Bedeutung einzelner wichtiger Nachrichten kurz hingewiesen. Die Vita des Commodus lag in ähnlicher, wenn auch viel ausführlicherer und in gewissen Einzelauffassungen (wie auch in der Art ihrer Disposition!) abweichender Weise bereits von Heer bearbeitet vor, als ich zu dem Drucke meiner Untersuchungen schreiten konnte[3]).

Der sachliche Autor schließt mit Caracalla; die Ereignisse mindestens von Commodus an hat er als Augenzeuge mit durchlebt und durchdacht; vermutlich ist er hochbetagt in den auf Caracallas Sturz folgenden Wirren untergegangen oder gestorben; wo aber liegt der Anfang seines trefflichen Werkes? Daß derselbe mit der Commodusvita nicht gegeben ist, erhellt aus einer oberflächlichen Betrachtung der früheren Biographien. Denn schon die Vita Hadriani zeigt im wesentlichen die gleiche Zusammensetzung wie die des Pertinax oder Severus; so hebt für uns die Darstellung des sachlich-historischen Autors mit dem Beginne des Corpus der SHA, mit der Vita des Hadrian selbst an. Ob sie noch weiter zurückgegangen ist, wer vermöchte das mit Gewißheit zu sagen? — Wahrscheinlich ist es immerhin; denn mit Domitianus' Tode schloß Tacitus, schloß Sueton, und die Art und Weise, wie die Hadrianvita beginnt, gibt auch nicht den

---

3) Philologus, Supplementband IX Heft 1 (1901): „Der historische Wert der Vita Commodi in der Sammlung der Scriptores Historiae Augustae" von Joseph Michael Heer.

leisesten Anhalt für die Vermutung, daß hier auch der Anfang des Autors liege. Weit eher erscheint das Gegenteil der Fall. V. Hadr. 1, 1 ist wohl der Beginn einer Kaisermonographie, keineswegs der eines umfassenden historischen Werkes. Mithin ist es sehr wohl möglich, daß der Historiker mit Nerva begann, dessen Regierungsübernahme im übrigen einen großen Wendepunkt in der römischen Kaisergeschichte bezeichnet, was unserem Anonymus gewiß nicht entgangen ist; beweisen läßt sich das nicht.

Wie man sieht, sind bisher die Fragen nach der Schluß- bez. Umredaktion der Viten durch einen Theodosianischen Fälscher, die Fragen nach der Authentizität der Namen Spartianus, Capitolinus, Lampridius etc., nach der Berechtigung der diokletianisch-konstantinischen Kaiserapostrophen scheinbar ganz in den Hintergrund getreten; doch auch sie kommen zu ihrem Rechte, allerdings nur insoweit sie darauf historisch Anspruch erheben können; denn es liegt in der Komposition der Viten begründet, daß ein sicheres Urteil über die Abgrenzung des sachlichen Gutes sich nur durch Heranziehung und Kritik aller ihrer Bestandteile gewinnen läßt.

In dieser Hinsicht habe ich im Laufe meiner ersten Arbeit etwa folgendes Bild gewonnen:

Der ausgezeichnete sachliche Autor ist ursprünglich von einem oder mehreren Epitomatoren bearbeitet und bisweilen höchst ungeschickt exzerpiert worden, die unter Diokletian und Konstantin gelebt haben und denen wir ihre überlieferten nichtssagenden Namen Spartianus, Capitolinus, Lampridius, Gallicanus usw. ruhig belassen können, wenn auch spätere Verschiebungen derselben nicht ausgeschlossen sein mögen[4]). So sind die Kaiserapostrophen historisch, indes nur in bedingtem Sinne; denn nunmehr gestaltet sich die Lösung des Problems ganz anders, als bisher gemeinhin angenommen wurde, namentlich deswegen, weil die Fragestellung als solche falsch war. Dem gegenüber hatte Leo in seiner „Griechisch-römischen Biographie" S. 301 ff. durchaus recht: „Die Frage ist nicht: sind die Kaiserbiographien eine Fälschung? sondern: wie weit reicht in den Kaiserbiographien die Fälschung?" Aber selbst das genügt nicht mehr; denn es hat den ersten Exzerptoren neben dem sachlich-chronologischen noch anderweitiges Material vorgelegen, das keineswegs als Fälschung zu bezeichnen ist, sondern vielmehr biographisch-tendenziösen, man kann auch sagen „klatschsüchtig-sensationellen"

---

4) Eben durch den Theodosianischen Schlußredaktor; siehe gleich unten S. 4 f.

Charakter trägt und das ich kurzweg als den „biographischen Bestand" bezeichnet habe. Dieses Material geht zu einem guten Teile auf zeitgenössische Überlieferung zurück; seine beißenden Sarkasmen und Entstellungen werfen oft genug ein grelles Schlaglicht, wenn auch nicht, wie beabsichtigt, auf die Kaiser, so doch auf die stadtrömischen Zustände, auf die Verhältnisse und die Gesinnungsart des dortigen Pöbels, des vornehmen wie des geringen. Und jetzt erst setzt die Fälschung ein und doch immer noch keine Fälschung im gewöhnlichen, brutalen Sinne des Wortes, so schlimm sie auch wahrlich gewirtschaftet hat. Man muß sich den Sachverhalt so denken: In der Mitte des vierten nachchristlichen Jahrhunderts lag die Vitensammlung von Spartianus, Capitolinus etc.[5]) im wesentlichen in der eben gekennzeichneten Form vor, daß an und in einen sachlich-historischen Teil biographische Notizen und Episoden tendenziöser Art an- resp. eingefügt waren, an mehr oder weniger passender Stelle und mit mehr oder weniger Geschick, meistens mit weniger. Da kam irgend ein Literat zu der Zeit des Kaisers Theodosius (379—395 n. Chr.) auf den Gedanken, diese Sammlung für seine Zwecke zu verwerten, d. h. sie zum eigenen Nutzen der Gegenwart schmackhafter zu machen, durch drei Mittel: Hinzufügung neuen „fesselnden" biographischen Materials, Wegschneidung des alten, wo dies „uninteressant" erschien, folglich wohl fast durchweg des sachlichen[6]), und endlich familiengeschichtliche Fiktionen, dazu bestimmt, zeitgenössischen Großen eine erlauchte Vergangenheit zu verschaffen, damit ev. auch der klingende Lohn von seiten der Geschmeichelten nicht fehle. Dies dritte Mittel des Theodosianischen Schlußredaktors allein ist „Fälschung" in den Viten von Hadrian bis auf Caracalla[7]). Zu bemerken ist noch, daß in dem neu bei-

---

5) Wenigstens für die Biographien von Hadrian bis auf M. Aurelius Antoninus (Caracalla) behaupte ich das jetzt bestimmt.

6) Vita Severi 17, 5 ein klassisches Beispiel; vgl. meine „Beiträge" S. 56 ff.

7) Vgl. Anm. 109 auf S. 76 meiner „Beiträge", die ich hier einfach abdrucken kann: „An eine direkte Fälschung braucht dabei keineswegs gleich gedacht zu werden: Es lag für den inferioren Geist des Skribenten nichts näher, als (z. B.) den Albinus mit der zu seiner Zeit blühenden Familie ähnlichen Namens zusammenzubringen. Dann wurde, nachdem diese „Erkenntnis" einmal gewonnen war, in der bekannten rhetorischen Weise lustig darauf los phantasiert, zumal die Sache von seiten der geschmeichelten Familien event. ja auch Gewinn versprach. Das Resultat von dem allen waren zuletzt die gefälschten Briefe und Aktenstücke, über die wir uns heutigen Tages so sehr entrüsten. Das alles ist wohl unerquicklich und teilweise recht ärgerlich, aber gar so

gebrachten Material der viel gelesene und beliebte Marius Maximus, den man bislang fast allgemein für den größten Teil der Viten bis auf Heliogabal verantwortlich gemacht hat, eine Hauptrolle spielt, ferner daß selbst in diesem zweifelhaftesten Bestande sich noch Brauchbares, ja historisch Wertvolles finden läßt[8]), sowie die Vermutung, daß die Verstümmelung des sachlichen Textes durch die letzte Redaktion sehr viel weiter gegangen ist, als heute noch sicher nachweisbar ist. Endlich haben wir jetzt auch den Schlüssel für die Stellung der Kaiserapostrophen gefunden[9]): schon um alle seine verblüffenden Entdeckungen auf dem Gebiete der Familiengeschichte über jeden Zweifel zu erheben, mußte der Theodosianer stets darauf bedacht sein, ihnen die heiligende Würde des Alters zu verleihen bez. zu erhalten dadurch, daß er überall das Ansehen der ursprünglichen diokletianisch-konstantinischen Sammlung wahrte. Hierfür konnte ihm nichts willkommener sein als die an und für sich echten Kaiserapostrophen. Dementsprechend ließ sie der Schlußredaktor bald an ihrem gehörigen Platze stehen, bald verschob er sie, manchmal mag er sie den ersten Excerptoren wohl auch „frei nachempfunden" haben, ohne daß wir bei alledem irgendwelche Berechtigung haben, die Kaiserapostrophen überhaupt als Fälschung zurückzuweisen[10]).

So gliedert sich auch diesmal meine Aufgabe für die Vita des Hadrian und im Anhange für die des Helius, beide Spartian zugeschrieben, denen diese Untersuchungen gewidmet sind, ganz von selbst in zwei Hauptteile:

I. auf dem Wege einer sorgfältigen Einzelkritik, die nie Selbstzweck ist, die Bestandteile dieser Viten nachzuweisen, und zwar:

1. den sachlich-historischen Grundstock[11]),

---

schlimm, wie man gemeint hat, ist es in dem Corpus der Viten zum mindesten nicht; hier sind die Fälschungen meist harmlos-ungeschickter Natur und leicht zu erkennen; vgl. S. 123. Heer a. a. O. S. 201, Anm. 457."

8) Vgl. meine „Beiträge" S. 83 zu Vita Albini c. 2, 3.

9) Vgl. meine „Beiträge" S. 80 f.

10) Verschiebungen der überlieferten Namen der ersten Exzerptoren durch den Theodosianer in ähnlicher Absicht halte ich, wie bereits S. 3 angedeutet, nicht für ausgeschlossen; doch kann es nicht in der von mir hier verfolgten Absicht liegen, auf dieses für den Historiker fast belanglose Problem auf das genaueste einzugehen, da es vor allen Dingen auf eine möglichst scharfe Umgrenzung des sachlichen Gutes der Hadrianvita und den aus ihm zu schöpfenden historischen Gewinn ankommt.

11) Ob ein solcher gleichfalls in der Heliusvita vorliegt, wird sich in dem Anhange zu dieser Arbeit zeigen.

2. die biographischen Zutaten Spartians,
3. seine ev. eigenen Elaborate,
4. die biographischen Ein- und Anfügungen des Schlußredaktors, des sog. Theodosianischen Fälschers,
5. seine „Fälschungen";
II. zu untersuchen, welchen historischen Wert die Nachrichten des rekonstruierten sachlichen Bestandes besitzen und ob bez. wie weit ein solcher auch dem biographischen Material des ersten wie dem des zweiten Kompilators zueignet.

Ich habe bereits einmal, in meiner Einleitung zu den „Beiträgen" S. 8 ausgeführt, daß „diese Arbeit ihre Aufgabe nur lösen kann, wenn sie die Scriptores in dem weiteren Rahmen der litterarischen Gesamtüberlieferung für jene Zeit behandelt". Den gleichen Weg gehe ich auch diesmal, nur daß ich mich zu gunsten der historischen Erörterungen bemühen werde hier möglichst kurz zu sein.

Wenn ich die zahllosen Fragen rein historischer Art, die sich an den verläßlichen Kern der Vita Hadrians knüpfen, trotzdem keineswegs erschöpfend behandelt habe, so ist dies einerseits deswegen geschehen, weil ich die Grenzen dieser Arbeit nicht allzuweit stecken mochte, andererseits, weil der Reichtum der gerade bei dieser Behandlungsweise neu auftauchenden geschichtlichen Probleme ein so überaus großer ist, daß beim ersten Anlauf allen gerecht werden hieße Unmögliches leisten.

Möge eben darum die Anregung, ihnen weiter nachzuforschen, eine desto nachhaltigere werden!

# I

## Die Vorgeschichte des Kaisers

Gleichwie die Vita des Pertinax und die des Iulianus, gleich der des Severus und der des Caracalla beginnt auch die Aelius Spartianus zugeschriebene Biographie des Kaisers Hadrianus mit sachlich präzisen, chronologisch angeordneten Auseinandersetzungen über die Vorgeschichte des zu behandelnden Herrschers.

Des Pertinax Stammbaum wird nur bis auf den Vater zurückverfolgt (V. Pert. 1, 1). Der Grund ist unschwer zu erkennen; Pertinax' Vater war libertinus, so begann erst mit ihm die Ahnenreihe des Princeps. Die Einleitung der Vita Iuliani greift bis auf den proavus Salvius Iulianus, den hochadligen berühmten Rechtsgelehrten zur Zeit des Hadrian, zurück, und für die Auffassung der Primärquelle, die dies tut, ist der Satz V. Iul. 1, 1 charakteristisch: „proavus fuit Salvius Iulianus, bis consul, praefectus urbi et iuris consultus, quod magis eum nobilem fecit". Weiter rückwärts als bis auf diesen berühmten Namen zu gehen, erschien ihr zwecklos, in ihm des Kaisers Stammbaum geradezu beschlossen. In ähnlich charakteristischer Weise werden V. Sev. 1, 2 die „maiores equites Romani" als der Anfang der kaiserlichen Ahnenreihe aufgefaßt. Bei Severus' Sohne Caracalla brauchten selbstverständlich keine genealogischen Notizen mehr gegeben zu werden. Der Beginn der Hadrianvita weist unter ausdrücklicher Bezugnahme auf die Autobiographie des Herrschers für seine Abstammung zurück bis auf die „origo ... vetustior a Picentibus", der die „posterior ab Hispaniensibus" gegenüber steht; V. Hadr. 1, 1. Bereits hiernach ist es sehr wahrscheinlich, daß der Vita Hadriani in ihrer Einleitung der gleiche Gewährsmann zugrunde liegt wie den anderen aufgeführten Biographien, ein Gewährsmann, der, wie in meinen „Beiträgen" nachgewiesen, die Kaisergeschichte der von ihm behandelten Zeit in Form von sachlich-chronologischen Monographien geschrieben und diesen selbst, wo es erforderlich war, die Hauptdaten der Familiengenealogie des Princeps vorausgeschickt hat.

Die Geschichte des Kaisers Hadrian vor seiner Regierungsübernahme wird in der Vita c. 1, 1—4, 10 behandelt; sehen wir zu, ob dieser Abschnitt einen einheitlichen Charakter trägt, was für Indizien er aufzeigt, sowie ob und worin sich dieselben mit denen berühren, welche dem sachlich-historischen Autor der Viten von Pertinax bis auf M. Aurelius Antoninus (Caracalla) zueignen.

Durch c. 1 geht deutlich ein chronologischer Grundzug:

§ 1  origo vetustior ... posterior — Scipionum temporibus;
§ 2  primus;
§ 3  VIIII kl. Feb. Vespasiano septies et Tito quinquies consulibus;
§ 4  decimo aetatis anno — tunc — postea;

der sich in c. 2 fortsetzt:

§ 1  quinto decimo anno — statim;
§ 2  nec multo post — inde;
§ 3  post hoc — extremis iam Domitiani temporibus;
§ 5  Traiano a Nerva adoptato;
§ 6  primus — diu;
§ 10 denique statim.

Im Ausdrucke findet sich eine ganz evidente Übereinstimmung von 2, 6 mit V. Pert. 1, 6: „pedibus iter faciens" bezw. „pedibus iter facere". Der Finalsatz 1, 5 deutet an, daß der Quelle der Vita der gehässige Spott der Gegner Hadrians, auf die das „a nonnullis" indirekt hinzielt, keineswegs unbekannt war. Ich gebe zu, daß man die Bezeichnung „Graeculus" dem jugendlichen Hadrian gegenüber noch leidlich harmlos auffassen kann, aber wir wissen einerseits, daß gerade die Vorliebe Hadrians für die griechische Sprache von dem Spott seiner lateinischen Zeitgenossen besonders empfindlich getroffen wurde, andererseits werden wir später sehen, daß der chronologischen Quelle auch die bösartige Entstellung der stadtrömischen Klatschsucht nicht fremd ist, nur daß sie sich eben deswegen nicht zu ihr bekennt, weil sie sie als das erkannt hat, was sie ist, als Verleumdung und Lüge, und sie deswegen zwar meist stillschweigend, aber stetig und zäh bekämpft [12]).

Ich habe mit Absicht 2, 4 und 7—9 bei der Aufzählung der chronologischen Indizien von vornherein ausgeschieden; denn obwohl auch diese Abschnitte eine Art zeitlicher Verknüpfung aufweisen, so § 4 ibi, § 8 quo quidem tempore, § 9 imperii mox futuri, tragen sie dennoch einen von den sie umgebenden Nachrichten grundverschiedenen

---

[12] Siehe unten S. 13 ff.

Charakter. Während die letzteren in sachlich-präziser und ruhiger Weise meist aus knapp umrissenen Sätzen bestehen, zeigen die ausgeschiedenen Paragraphen geradezu typisch die Kennzeichen des sog. biographischen Materials. So heißt es 2, 4: „a mathematico quodam... dicitur conperisse" und 2, 8: „sors excidit, quam alii ... provenisse dixerunt"; 2, 9 die hochgelehrte, pompöse Quellenangabe ist spezifisch biographisch: „quod Apollonius Syrus Platonicus libris suis indidit", vgl. u. a. V. Sev. 20, 1: „legisse me apud Helium Maurum Phlegontis Hadriani libertum memini". Die Verbindung von § 7 mit § 6 läßt den Abschnitt 2, 7—9 ebenfalls als Einschub erkennen: „fuitque in amore Traiani"; entsprechend haben wir § 9 „habuit autem" als Anknüpfung an das Vorhergehende. § 10 schließt mit „denique statim" so unmittelbar an § 6 an, daß man sofort sieht, daß beide Paragraphen ursprünglich nebeneinander gestanden haben.

Das zweite Kapitel endet mit der Anführung des Marius Maximus „ut Marius Maximus dicit" als Quelle, wofür? Also doch für den sachlichen Abschnitt 1, 1—2, 3; 2, 5—6; 2, 10? Keineswegs; dieser Anschein sollte vielleicht erweckt werden; faktisch ist Marius Maximus[13]) nur Quelle des spät hinzugefügten Schlußsatzes des Kapitels „favente Plotina, Traiano leviter volente" gewesen. Doch darüber unten; denn das läßt sich erst in einem größeren Zusammenhange erweisen[14]).

Das sachlich-chronologische Exzerpt setzt sich in c. 3 und in c. 4 bis 4, 7 ohne Unterbrechung fort, abgesehen ev. von dem Nebensatz 3, 5 „unde hodieque ... videntur", von dem sich kaum mehr entscheiden läßt, ob er schon in der Primärquelle gestanden hat, oder ob er erst durch den Exzerptor, der in diesem Falle durch ihn sein eigenes Wissen hätte an den Mann bringen wollen, eingeschoben worden ist.

c. 3 § 1 Traiano quater et Articuleio consulibus, in qua cum...;
§ 2 post quaesturam;
§ 4 Candido et Quadrato iterum conss.;
§ 5 in quo magistratu — hodieque (?);
§ 6 secunda expeditione Dacica;
§ 8 sub Surano — et Serviano iterum conss.;
§ 9 postea;
§ 10 in quo magistratu;
§ 11 defuncto quidem Sura;

---

13) Im folgenden abgekürzt MM.   14) Siehe unten S. 15f.

c. 4 § 1 expeditionis Parthicae tempore;
§ 2 qua quidem tempestate — quondam;
§ 3 postea;
§ 4 secundo consul;
§ 5 per eadem tempora;
§ 6 quintum iduum August. diem;
§ 7 tertium iduum earundem, quando....

3, 3 tritt uns abermals eine Erwähnung der Autobiographie des Kaisers Hadrian als Quelle des sachlich-chronologischen Autors entgegen[15]), ebenso 3, 5, wo er nach ihr ein Omen mitteilt, das sich für den nachmaligen Herrscher während seines Volkstribunates ereignet habe. Auch sonst findet sich bei unserem Gewährsmann die Neigung, auf Omina einen gewissen nicht geringen Wert zu legen, so V. Iul. 2, 3 und 7, 1 f. zwei prägnante Fälle[16]). 4, 2 „tutoris quondam sui" greift bewußtermaßen auf 1, 4 zurück, ein weiterer Beleg für die Einheitlichkeit der Quelle an beiden Stellen. 4, 4 verrät sich wiederum, daß die sachlichen Bestandteile der Viten von Hadrian bis auf Caracalla auf ein und denselben Kopf zurückführen: der Ausdruck „adfectae tyrannidis" ist nichts weiter als der spezifisch sachliche „adfectatae tyrannidis", der in den Biographien des öfteren wiederkehrt[17]): Lessing hat in seinem Lexikon zu den SHA I p. 11 sämtliche Stellen aufgezählt, wo dies adfectare vorkommt. 4, 5 ist der Text korrupt. Über den Sinn kann indes kein Zweifel sein: es ist ersichtlich eine tendenziöse, Hadrian feindselige Bemerkung, die vollkommen aus dem Rahmen des Sachlichen herausfällt, andererseits auch der biographischen Ausdrucksweise entspricht: „opinio multa firmavit", vgl. 4, 8! Der biographische Klatsch spukt eben hier schon vor. Denn 4, 8—10 sind wir inmitten dieses Bestandteils der Vita, zu dem das in meinen „Beiträgen" S. 13 bereits genügend besprochene Verbindungswörtchen „sane" hinübergeleitet hat, eine der ganz besonderen Lieblingsfloskeln des ersten Epitomators. Der biographischen Kennzeichen entbehrt dieser Abschnitt im übrigen auch nicht: § 8

---

15) Die erste stand V. 1, 1, siehe S. 7.

16) Vgl. meine „Beiträge S. 28 f.: „In welch merkwürdiger Weise sich selbst in den besten Köpfen des dritten Jahrhunderts die abergläubischen Wahnvorstellungen der Gesamtheit manifestieren, ist auch ein, und nicht das letzte, Kapitel in der Geschichte jener Zeit." Andere Angaben von Omina durch den sachlichen Autor V. Pert. 11, 2; V. Sev. 1, 6—10 (!) u. a. m.

17) Dazu meine „Beiträge" S. 11, Anm. 5.

frequens sane opinio fuit — aliquando; § 9 et multi quidem dicunt — multi; § 10 nec desunt, qui...[18]).

4, 7 sind wir an dem Tage des Regierungsantrittes Hadrians angelangt; mit ihm endet naturgemäß die Darstellung der Vorgeschichte des Kaisers in der sachlich-chronologischen Epitome der Vita. Die Frage ist jetzt: Findet dieser Bericht in der sonstigen litterarischen Überlieferung, das wäre also vor allem in Dio Cassius, eine Bestätigung? Worin weicht er ab und mit welchem Recht, und endlich: Was können wir geschichtlich aus ihm lernen? Hierbei wird sich auch ergeben, daß die Erwähnung des MM 2, 10 nicht in den sachlichen Zusammenhang gehört, sondern weiter nichts ist als eine ausnahmsweise einmal nicht ungeschickte späte Hinzufügung.

Es ist nicht viel, was Dio Cassius im LXIX. Buche gelegentlich über die Vorgeschichte des Herrschers mitteilt, aber dies wenige genügt vollauf für unsere Zwecke. Daß ein Hadrianus mit dem Beinamen Afer des Kaisers Vater gewesen sei (V. 1, 2), bestätigt Dio c. 3, 1; daß der Vater Senator war, wie Dio an dieser Stelle noch bemerkt, geht auch aus dem Schluß von V. 1, 2 hervor: „atavus Maryllinus, qui primus in sua familia senator populi Romani fuit". Hadrians Schwester hieß Paulina, gibt V. 1, 2 des weiteren an; diese Paulina findet sich bei Dio c. 11, 4 beiläufig erwähnt. Traian war ein Landsmann des Hadrian (ein Spanier, wie aus Dio LXVIII c. 4, 1 f. hervorgeht, in dem Xiphilinischen Exzerpt hier aber nicht weiter gesagt wird, was zunächst einigermaßen befremden kann), Traian sein Vormund gewesen, mit ihm verwandt; endlich heiratete Hadrian noch eine Nichte des Kaisers: Dio c. 1, 1. All das weiß ebenso der sachliche Gewährsmann der Vita, aber er macht V. 1, 1—2, wie schon auf S. 7 gezeigt, bedeutend genauere Angaben über die Abstammung und die Verwandtschaftsverhältnisse des nachmaligen Princeps. Der zweite Vormund desselben war Attianus, Dio c. 1, 2; dasselbe steht V. 1, 4. Die chronologische Quelle der Vita berichtet einiges über die allzu leidenschaftliche Vorliebe des jungen Hadrian für die Jagd und was für Folgen sie für ihn gehabt habe. Dio-Xiphilinus erzählt davon zwar nichts, aber aus seiner Bemerkung c. 7, 3, die der Jagdleidenschaft des gereiften Mannes, des Kaisers, gilt, erhellt aufs beste die Zuverlässigkeit der Nachricht V. 2, 1—2.

Soweit die Übereinstimmungen im Faktischen zwischen dem sachlichen Teile der Vita und Dio Cassius. Sie erweisen, daß es aus-

---

18) Historische Bemerkungen hierzu S. 26 f.

geschlossen ist, daß der Gewährsmann Spartians aus Dio geschöpft habe. Daß auf der anderen Seite Dio nichts aus ihm genommen hat, das zeigen die Diskrepanzen, welche zwischen beiden Exzerpten bestehen und welche hauptsächlich in der Frage zum Ausdruck kommen: „Hat Kaiser Traianus den Hadrianus adoptiert oder nicht?" Hierüber müssen sich schon die Zeitgenossen selber nicht einig gewesen sein. Die Art und Weise, wie Dio gleich eingangs des LXIX. Buches die Behauptung aufstellt, daß Hadrian von seinem Vorgänger nicht an Kindes Statt angenommen worden sei und wie er sie c. 1, 2 ff. zu begründen sucht, mutet direkt polemisch an. Ich verkenne dabei durchaus nicht, daß Dio uns ja auch nur in dem Exzerpte des Xiphilinus vorliegt, allein diese Tendenz ist zu deutlich ursprünglich, als daß wir sie auf des Epitomators Konto, d. h. in diesem Falle einen Zufall in seiner Auswahl des Stoffes setzen könnten. Dio beruft sich auf die Erzählungen seines Vaters Apronianus, des ehemaligen Statthalters von Cilicia. In der Tat ein schwerwiegendes Zeugnis, gleichwohl noch kein entscheidendes; denn mag Dio selbst schon im Jahre 155 geboren sein, wird man doch die Geburt seines Vaters kaum viel vor das Jahr 100 n. Chr. ansetzen dürfen; wahrscheinlich ist jedenfalls, daß wir mit dieser Annahme eher 10 Jahre zu früh als 5 zu spät gegriffen haben. Wie dem auch sein mag, frühestens kann Apronianus in den letzten Jahren Hadrians zur Statthalterschaft von Cilicia gekommen sein, möglicherweise auch erst in den vierziger, ja sogar fünfziger Jahren des zweiten nachchristlichen Jahrhunderts, mithin rund 20—35 Jahre nach den von ihm dem Sohne mitgeteilten Ereignissen: in dem ersteren Falle eben zu einer Zeit, da manche harte Maßregel des verdüsterten kaiserlichen Greises auf seine Person und damit bei der regen Phantasie seiner Zeitgenossen auf seine Erhebung ihre Schatten geworfen hatte. Zur Zeit des Todes Traians jedoch kann Apronianus unmöglich Statthalter der Provinz gewesen sein, er ist also für uns kein Augenzeuge. Gründe für die Ansicht des Vaters bringt Dio nicht bei, höchstens c. 1, 2 ein angebliches Liebesverhältnis zwischen Plotina, der Gemahlin Traians, und dem jugendlichen Landsmann ihres Gatten. Davon wissen auch noch die späten kleinen Autoren Aurelius Victor de Caesaribus c. 13 Schluß, Eutropius VIII 6, 1 [19]) und die Vita — aber wo? mitten im biographischen Klatsche 4, 10 und 2, 10 durch MM, im sachlichen Bestande nirgends.

---

[19]) Ich behandle die sog. späten kleinen Autoren Victor, den Verfasser der Epitome, Eutropius und Orosius zusammen S. 45 f.

Es ist hervorzuheben, daß die Darstellung des sachlichen Exzerptes der Vita Hadriani in der Vorgeschichte des Kaisers eine bestimmte Absicht verfolgt, die sich wie ein roter Faden durch die ersten vier Kapitel hindurchzieht und gerade das Gegenteil von Dio bezweckt, nämlich ruhig und klar den Werdegang des jungen Hadrian darzulegen, damit aus ihm schließlich als einfache, notwendige Konsequenz die Adoption durch den sterbenden Traian hervorgehen muß. Wir tun gewiß nur recht, wenn wir behaupten, daß dieser Bericht absichtlich so gefaßt worden ist in einer, wie er uns wenigstens vorliegt, zwar stillschweigenden, aber desto stärkeren und bewußteren Opposition gegen Dio oder den Dionischen Anschauungskreis, der sich hier mit einem großen Teile des biographischen deckt. Es liegt hier genau derselbe Fall vor wie in der Vita Iuliani, die „auf Grund vorzüglicher Information und aufrichtiger Überzeugung ihre Aufgabe dahin gefaßt hat, daß sie vermittelst einer vorurteilsfreien Darlegung all die übelwollenden Gerüchte, die über Kaiser Iulianus umliefen, in ihrer Nichtigkeit zu erweisen sucht, ohne sich über die Schwächen des Herrschers zu täuschen. Diese ihre Absicht wird denn auch an mehreren Stellen der Vita offen ausgesprochen". Vgl. meine „Beiträge" S. 26 ff.

V. 1, 4 finden wir den zehnjährigen verwaisten Hadrian unter der Vormundschaft des Ulpius Traianus „praetorius tunc" und des Caelius Attianus. Da sich der Fünfzehn- oder Sechzehnjährige[20]) in Spanien seiner Leidenschaft für die Jagd zu sehr ergibt, wird er von Traianus zu sich zurückgerufen und „pro filio habitus". Das Verhältnis der beiden bleibt also ein inniges, V. 2, 1—2. Die weitere Laufbahn Hadrians 2, 2—3 zeigt vollends, daß keine dauernde Trübung eingetreten war. Eine solche vermochten selbst die Intrigen des Servianus, die V. 2, 6 anschaulich schildert, später nicht hervorzurufen; 2, 10 ist Hadrian zurückgekehrt „ad amicitiam Traiani pleniorem"; zum Dakerkriege ist er „Traianum familiarius prosecutus" 3, 2; während des zweiten Dakerkrieges ist Hadrian seinem Vormund noch näher gekommen 3, 6. So weit — könnte man einwenden — mag das alles vielleicht richtig sein, aber der sachliche Gewährsmann spricht diese Folgerungen so selbst nirgends aus. Doch eben jetzt 3, 7 zeigt der Autor, wo er hinaus will. Die kriegerischen Verdienste Hadrians werden von Traian voll anerkannt, er schenkt ihm die „adamas gemma", welche er dereinst von Nerva empfangen

---

20) Siehe darüber genauer unten S. 18.

hatte, und es ist selbstverständlich, daß unser Historiker recht hat, wenn er schreibt, Hadrian sei dadurch „ad spem successionis erectus". Aber es geht immer weiter. 3, 8—10 empfängt Hadrian erneute Beweise der kaiserlichen Huld, wie er sich auch weiterhin auszeichnet. 3, 10 erfährt er als Konsul, sein alter Freund Sura teilt ihm das mit, „adoptandum se a Traiano esse"; nach dessen Tode 3, 11 „Traiani ei familiaritas crebuit". 4, 1 wird Hadrian auch („quoque") die Gunst der Plotina zuteil; 4, 3, nachdem seine unversöhnlichen Gegner Palma und Celsus in den Verdacht „adfectae tyrannidis[21]) gefallen sind, gelangt er von der „spes successionis" 3, 7 zu der „adoptionis sponsio" 4, 3; abermals wendet Plotina ihm ihre Gunst zu[22]), Hadrian wird zum zweitenmal zum Konsul designiert[23]) und dadurch „totam praesumptionem adoptionis emeruit" 4, 4[24]). Kann überhaupt etwas klarer sein, als daß alles in diesem chronologischen Exzerpt auf die Realität der Adoption hinausläuft? **Die Vorgeschichte Hadrians in der Vita ist die stärkste und zielbewußteste Polemik, die Dio gemacht werden konnte.**

Ist sie auch berechtigt? Wo liegt die Wahrheit?

Wir wollen ganz davon absehen, daß, wie aus unseren bisherigen Darlegungen zur Genüge hervorgeht, alle Momente geschichtlicher Logik für den chronologischen Bericht sprechen. Die Darstellung der Vita von der Adoption selbst gibt die beste Antwort auf unsere Frage.

Nach V. 4, 6 erhielt Hadrian am 9. August 117 als legatus Syriae (übereinstimmend mit der Notiz Dios LXVIII 33, 1) die Nach-

---

21) Vgl. oben S. 10; so dient alles dazu, die Einheitlichkeit und Zuverlässigkeit des sachlichen Berichtes in den Viten von Hadrian bis auf Caracalla zu erweisen.

22) Liegt in diesem doppelten Beweis des „favor Plotinae" dem jugendlichen Hadrian gegenüber vielleicht das Körnchen Wahrheit, das zu dem allgemeinen Klatsche veranlaßt hat? Dann würde sich eine Parallele in der V. Iul. finden; vgl. meine „Beiträge" S. 27: V. Iul. 3, 7 . . . „ist der böswillige Klatsch in den Anfängen, den wir in letzter, extremster Ausgestaltung bei sämtlichen uns noch überkommenen späteren Autoren, Eutropius, Aurelius Victor, dem Autor der Epitome und Orosius, in seltener Übereinstimmung finden, der ungeheuerliche Vorwurf nämlich, Pertinax sei auf Anstiften der Iulianus ermordet worden (vgl. S. 17 f., 31, 75 u. 82)."

23) Der Epitomator sagt in dieser Fassung wohl sachlich richtig, aber gleichwohl irreführend „factus" 4, 4. Es ist das eine der mannigfaltigen Ungenauigkeiten, die einzig und allein seinem geringen Fassungsvermögen zur Last fallen.

24) Man beachte wohl das „emeruit"!

richt von seiner Annahme an Kindesstatt. Dieser Tag ward später als natalis adoptionis offiziell gefeiert[25]).

Im folgenden ist ständig Dio LXVIII c. 33 zu vergleichen. Nach ihm starb Traian nach einer Regierung von 19 Jahren 6 Monaten 15 Tagen (§ 3). Nerva war am 27. Januar 98 verschieden, mithin ist Traian ihm zufolge am 10. August 117 dahingegangen. Dio berichtet § 3 weiter, daß der Kaiser zu Selinus in Cilicia (vgl. LXIX c. 1), „das wir jetzt Traianopolis nennen", gestorben ist; § 3. V. 4, 7 meldet, daß Hadrian am 11. August die Nachricht von dem Hinscheiden des Herrschers erhielt (in Antiocheia, wie Dio LXIX c. 2, 1 uns sagt und schon an sich zu vermuten war). Die Entfernung von Antiocheia und Selinus beträgt auf dem Seeweg za. 2000 Stadien oder 370 km[26]). Angenommen, Traian starb erst im Laufe des Spätvormittags des 10. August und das Depeschenschiff an Hadrian ging um die Mittagszeit in See, so mußte es bei einer mittleren Geschwindigkeit von nur 12—13 km[27]) in der Stunde, das wäre so schnell wie ein Pferd in mäßigem Trab läuft, was jedes antike Schiff bequem zu leisten imstande war, Antiocheia längst vor Sonnenuntergang am 11., etwa in der 5. oder 6. Nachmittagstunde, aller Wahrscheinlichkeit nach weit eher, erreicht haben. Das Datum Dios ist also nur ein Beleg für die Richtigkeit desjenigen der Vita und umgekehrt[28]). Andererseits ist an Hadrian sofort Nachricht von dem Ableben des Kaisers gesandt worden, dazu zwingt der Vergleich zwischen der Vita und Dio. Wer will, kann darin noch ein Anzeichen von Konspirationen zwischen Plotina-Attianus in Selinus und Hadrian in Antiocheia sehen; dem nüchternen Beurteiler der Verhältnisse legt dies Faktum so außerordentlich nahe, daß Hadrian in der Tat adoptiert worden ist und daß Traian zu dem Akte erst schritt, als er zu fühlen begann, daß sein Ende herannahte, vermutlich schon zu Selinus im Laufe des 7. oder 8. August, zwei oder drei Tage vor seinem Tode, daß er an der Richtigkeit der sachlichen Darstellung der Vita Hadriani nicht mehr zweifeln kann, da sie auf jede kritische oder historische Frage eine befriedigende Antwort gibt und gleichermaßen bei der Konfrontation mit Dio Stich hält.

Nunmehr erhellt auch, daß der Schlußsatz von c. 2. „favente

---

25) Dio LXIX c. 2, 1 ist insofern mißverständlich, als nach dieser Stelle Hadrian auch bloß Stadtkommandant von Antiocheia hätte sein können.
26) Fast genau 200 Knoten.
27) Etwa 7 Knoten.
28) Die Dionischen Angaben für die Lebens- und Herrschaftsdauer der Kaiser sind bekanntlich meist sehr gut.

Plotina, Traiano leviter, ut MM dicit, volente"[29]) nicht in den sachlichen Zusammenhang hineingehört, folglich MM nicht der Gewährsmann desselben sein kann. Wie wir bereits auf Seite 14 gesehen haben, wird in ihm der „favor Plotinae" 4, 1 erst an zweiter Stelle nach der „familiaritas Traiani" 3, 11 erwähnt; er steht in keinerlei Gegensatz zu dem letzteren, im Gegenteil hat es den Anschein, wenn wir diesen Schluß noch aus den Worten der Epitome ziehen dürfen, als wenn Hadrian erst jetzt sich wirklich in der Gunst der Kaiserin festgesetzt hat, die ihm „expeditionis Parthicae tempore" (4, 1) und späterhin (4, 4) treu geblieben ist. Ganz anders 2, 10 nach MM, wo Plotinas Gunst als das eigentlich treibende Motiv auftritt, dem gegenüber sich der kaiserliche Gemahl passiv verhält. Ein Vergleich mit der V. Pert. 15, 8 lehrt vollends, daß es überhaupt unmöglich ist, anzunehmen, MM und der chronologische Gewährsmann seien miteinander identisch. In der Vita Pertinacis ist die Erwähnung des MM „oberflächlich und roh an den Abschluß der guten Primärquelle, der hier auch der der ursprünglichen Vita war, angeflickt". („Beiträge" Seite 17); so einfach liegt die Sache V. Hadr. 2, 10 allerdings nicht. Die Einführung des MM ist an dieser Stelle nicht allzu ungeschickt geschehen, doch nicht geschickt genug, daß wir sie nicht mehr als solche erkennen könnten; denn ihre Art und Weise ist typisch: V. Hadr. 2, 10 „ut MM dicit", vgl. z. B. V. Sev. 15, 6 „quod ... MM dicit", V. Alb. 3, 4 „quod etiam MM dicit", V. Alb. 9, 2 „ut dicit MM", V. Alb. 9, 5 „ut MM dicit" oder auch V. Avid. Cassii 6, 6 „ut docet MM ...", V. Avid. Cassii 6, 7 „ut idem MM refert". Diese Beispiele ließen sich beliebig vermehren, allein sie genügen schon, um zu zeigen, daß die Erwähnung des MM V. Hadr. 2, 10 sich nicht isoliert betrachten läßt, und daß sie nicht in den sachlichen Bestand der Vita gehört, aus dem sie auszuscheiden der eigene innere Zusammenhang desselben fordert. —

Wir haben gemäß unserer Disposition, die wir im Verlaufe dieser Arbeit zu befolgen gedenken, noch auf die wichtigsten Momente hinzuweisen, die unsere historische Erkenntnis auf Grund einer exakten Interpretation der sachlichen Epitome der Vita bereichern können.

Es lag in der Natur dieser Erörterungen begründet, daß die wichtigste historische Einsicht, die wir aus der Vorgeschichte des Hadrian gewinnen können, die Realität seiner Adoption durch Traian, bereits in den kritischen Erwägungen behandelt werden mußte.

---

[29] Vgl. oben S. 9.

Gleichwohl können wir noch manche Aufklärung über den Werdegang des nachmaligen Herrschers erhalten, die sich sonst nirgends in einer unserer litterarischen Quellen auffinden ließe. Es verlohnt vielleicht, genauer an der Hand des unbekannten Autors auf die Vorgeschichte Hadrians einzugehen, die uns ein hochinteressantes Bild davon entwirft, wie es unter Umständen möglich gewesen ist, zur Zeit der sog. 'guten' Kaiser Karriere zu machen, und darum vielleicht auch weder 'kulturgeschichtlich' noch 'soziologisch' gleichgültig ist.

Hadrians Vorfahren stammten ursprünglich aus Picenum, wenn wir der Versicherung des Kaisers selbst in seiner Autobiographie Vertrauen schenken wollen[30]); der sachliche Gewährsmann der Vita hat es getan, wie mir scheint mit Recht; denn in der Vita 1, 1 heißt es ausdrücklich, daß des späteren Kaisers „maiores", aus Hadria stammend, zur Zeit der Scipionen in dem spanischen Italica „resedisse", also höchst wahrscheinlich gerade in der Gefolgschaft der Scipionen, das wäre doch wohl in dem vorletzten Jahrzehnt des dritten vorchristlichen Jahrhunderts, von Hadria nach Spanien gekommen seien. Der Vater Hadrians Aelius Hadrianus Afer war ein Geschwisterkind von mütterlicher Seite[31]) des Traianus, die Mutter eine geborene Spanierin aus Gades; seine Schwester Paulina mit einem gewissen Servianus vermählt, der nachmals in dem Leben seines Schwagers eine bedeutsame Rolle gespielt hat[32]). Es war eine vornehme Familie senatorischen Ranges, den als erster der „atavus" Maryllinus[33]) bekleidet hatte; V. 1, 2. Hadrian war wenigstens nach seinem Geburtsort Stadtrömer; denn in Rom ward er am 24. Januar 76 geboren. Als 10jähriger Knabe verlor er den Vater, vermutlich im Jahre 86. Doch erhielt er tüchtige und gewissenhafte Vormünder, seinen Verwandten Ulpius Traianus, damals „praetorius", und den Ritter Caelius Attianus; V. 1, 3—4. Der Adulescentulus wandte sich mit Feuereifer besonders den griechischen Studien zu, so daß ihn schon jetzt von einigen der Spottname „Graeculus" traf; V. 1, 5[34]). 15 Jahre alt kehrte er in die spanische Heimat zurück und trat sofort in Kriegsdienste; a. 91.

---

30) Über die Stellung derselben in dem sachlichen Exzerpt der Vita vgl. ausführlich unten S. 44 f.

31) Wenn es in der Zeit, da unser Autor schrieb, noch erlaubt ist, „consobrinus" so zu interpretieren; vgl. V. 1, 4!

32) Siehe besonders S. 18 f.

33) Das ist wörtlich der Vater oder der Großvater des Urgroßvaters; wir kämen mithin etwa auf die Zeit Cäsars, eher etwas später.

34) Siehe auch oben S. 8.

Der Jüngling nützte die Freiheit des Feldlebens vor allem für seine Hauptpassion in körperlicher Hinsicht, die Jagd, aus, so sehr, daß ihn deswegen strenger Tadel traf und er von Traian zu sich zurückberufen ward; V. 2, 1. Aber dieser ließ ihn nicht zu schwer die jugendliche Verirrung empfinden, er hielt sein Mündel wie sein eigen Kind, ernannte ihn nicht viel später, wohl noch 92, spätestens 93, zum Xvir litibus iudicandis und schickte ihn darauf zur legio II Adiutrix[35]). Das muß im Jahre 93 oder höchstens im Anfange von 94 der Fall gewesen sein; denn, wie die Vita 2, 3 berichtet, Hadrian ist von dieser Legion „extremis iam Domitiani temporibus" nach der Moesia inferior (d. h. zur legio V Macedonica, vgl. Anm. 44!) versetzt worden. Domitian wurde am 18. September 96 ermordet, folglich ist die Versetzung im Sommer desselben Jahres eingetreten, ehestens im Frühjahr. Es spricht alle Wahrscheinlichkeit dafür, daß Hadrian in diesem ersten militärischen Kommando, das er wirklich zu erfüllen hatte und in dem für ihn alles zu lernen war, längere Zeit belassen wurde: 3 Jahre sind dafür gewiß nicht zu hoch gerechnet; wir können mithin kaum fehl gehen, wenn wir seine militärische Lehrzeit auf Mitte 93 bis Mitte 96 verlegen. Die ganze Art der chronologischen Bestimmungen der Vita macht eine solche Annahme fast zur Gewißheit.

Traian wurde von Nerva um den 27. Oktober 97 adoptiert. Auf die Kunde davon sandte man den Neffen nach Obergermanien (d. h. zur legio XXII Primigenia, vgl. Anm. 44!), um Traian, dem Statthalter dieser Provinz[36]), die Glückwünsche der mösischen Truppe zu überbringen. Das war im Spätherbst 97, vermutlich in dem November des Jahres, der Fall. Als hier die Nachricht von dem Tode Nervas eintraf[37]), befand sich Traian zufällig nicht in seiner Statthalterschaft, sondern in Köln am Unterrhein; so eilte Hadrian ihm kurz entschlossen dahin nach, seinem Oheim zuerst die Botschaft davon zu überbringen. Da bereitete ihm sein Schwager Servianus Schwierigkeiten, hielt ihn lange zurück und zerbrach absichtlich sein Gefährt. Wir können V. 2, 6 nur verstehen, wenn wir annehmen, daß Servianus zu dieser

---

35) Vgl. ständig CIL III 550; über diese Inschrift im Zusammenhange unten S. 20 ff.

36) Vgl. Schiller, Geschichte der römischen Kaiserzeit I 2, S. 544. Man beachte, wie alle sachlichen Angaben unterschiedslos bis in die kleinste Einzelheit sich bewähren!

37) Nerva starb am 27. I. 98; das ist auch der dies imperii seines Nachfolgers gewesen.

Zeit Oberaufseher der Posten in Obergermanien war und als solcher Hadrian an dem Weiterkommen hinderte. Aber hierdurch unbeirrt machte sich der Jüngling zu Fuß auf den Weg, und es gelang ihm, einem Günstling seines Schwagers zuvorzukommen[38]).

Servianus scheint in dieser ganzen Zeit eine sehr zweifelhafte Rolle gespielt, auf jeden Fall bei Traian ernstlich gegen Hadrian gewirkt zu haben. Es ist nicht leicht, heute noch die Gründe zu diesem Verhalten darzulegen, auch lohnte es nicht der Mühe, wenn es nicht gerade die Persönlichkeit des Servianus wäre, die hier in dem Leben des Hadrianus zum erstenmal in Szene tritt[39]). Wie es nach V. 2, 6 den Anschein hat, sind es vor allem der Aufwand und die Schuldensumme des Jünglings gewesen, die seinen Schwager gegen ihn aufbrachten. Mag sein, daß Servianus in dieser Hinsicht nicht ganz unrecht hatte und Hadrian mehr als nötig über die Stränge schlug; die Zukunft hat gelehrt, daß die stürmische Jugend, welche der spätere Kaiser aller Vermutung nach in Niedermösien und wohl schon bei der legio II Adiutrix in einem Alter von etwa 17 bis 22 Jahren verlebt hat, seiner Ausbildung und seinem Charakter nichts zu schaden vermocht hat. Davon mag sich wohl auch der scharfblickende Traian bald persönlich überzeugt haben, „suffragante Sura" kehrte Hadrian „denique statim", d. h. noch im Februar oder aber im März 98, zu der volleren Freundschaft Traians zurück. Der Kaiser hat darauf den Neffen mit der Enkelin seiner Schwester vermählt, der c. 1, 2 bereits anläßlich der zusammenfassenden Schilderung der Familienverhältnisse erwähnten Sabina. Der Grund schimmert selbst in der so überaus stark verkürzten Epitome der Vita noch durch: so hoffte man am besten dem jugendlichen Leichtsinne des Militärtribunen ein Ziel zu setzen. Das Mittel ist ja noch heutigen Tages recht beliebt. V. 2, 10.

Zwischen Kapitel 2 und 3 ist, wie schon S. 15f. erwiesen wurde, von einer späteren Hand, das wäre also die des Theodosianischen Fälschers, die Erwähnung des MM in Verbindung mit der angeblichen Begünstigung des Hadrian durch Plotina, während Traian ihm mehr gleichgültig gegenübersteht, eingeschoben worden. 2, 10 be-

---

38) Der Aufenthalt Traians in Köln wird bestätigt durch Eutrop. VIII 2, 1: „Imperator autem apud Agrippinam in Galliis factus est"; Oros. adv. pagan. VII 12, 2: „apud Agrippinam Galliae urbem insignia sumpsit imperii"; Epitome 13, 3: „hic imperium apud Agrippinam nobilem Galliae coloniam suscepit"; Euseb.-Hieron. Chron. p. 162, 163, a. 2113/97 n. Chr.

39) Siehe oben S. 17.

finden wir uns im Anfange des Jahres 98 n. Chr., 3, 1 bereits im Jahre 101. Es ist zu vermuten, daß dem späteren Einschub ein Stück sachlichen Bestandes zum Opfer fiel, in dem mitgeteilt war, was sich in den drei Jahren der Zwischenzeit ereignete, vor allem also die Regierungsübernahme Traians, die in der Vita, wie sie uns vorliegt, vollständig unten durchfällt. 101 ist Hadrian Quästor; daß seine Quästur mit dem vierten Konsulat des Kaisers zusammenfiel, ist gewiß kein Zufall, sondern ein neuer Beweis für die dauernde Zuneigung, die Traian für seinen Neffen hegte[40]). 3, 1 bietet außerdem wieder einen vorzüglichen Beleg für die Vortrefflichkeit der uns in dem sachlichen Bestande der Viten überkommenen Nachrichten: dem 25jährigen Quästor fiel die Aufgabe zu, im Senate eine Rede des Herrschers vorzutragen, er aber entledigte sich ihrer mit einem so stark bäuerlichen Akzent, daß der allgemeinen Spottsucht dadurch eine willkommene Nahrung gewährt war, „risus esset". Hadrian gab sich daher mit eiserner Energie dem Studium der lateinischen Eloquenz hin, wie als Knabe seiner Lieblingssprache, dem Griechischen[41]). Der Erfolg blieb nicht aus: Hadrian hat die vollkommenste Beherrschung des Lateinischen in Wort wie Schrift erlangt[42]). Nach der Quästur war der Jüngling Chef des stenographischen Bureaus des Senates; vielleicht hing diese Ernennung mit seinem Unglück in dem ersteren Amte zusammen; jedenfalls hatte Hadrian in dieser Stellung die ergiebigste Gelegenheit, sich in der parlamentarischen Beredsamkeit seiner Zeit auszubilden. Doch kann der spätere Kaiser nicht lange hierin gewirkt haben. V. 3, 2.

Am 25. März 101 ist der Kaiser Traian von Rom aus zu dem ersten Dakerkrieg auf dem Seewege abgereist[43]). In der athenischen Inschrift Hadrians CIL III, 550 heißt dieser „quaestor Imperatoris Traiani et comes expeditionis Dacicae"[44]). Mommsen hat in seinem

---

40) Und für die Torheit des Geschwätzes des MM 2, 10!
41) V. 1, 5, vgl. oben S. 8 u. 17. — Anm. 46!
42) So ist wohl am zutreffendsten zu übersetzen: „usque ad summam peritiam et facundiam Latinis operam dedit".
43) Vgl. Henzen, Act. p. CXL u. 123; Fröhner, Col. Trai. p. 173, 65; pl. 108—110; Schiller a. a. O. I 2, S. 550, Anm. 9.
44) Im Zusammenhange hier einige Bemerkungen über die Notizen dieser hochwichtigen Inschrift im Vergleiche zu denen der sachlichen Epitome der Vita: Bekanntlich ist dieselbe im Jahre 112, wo Hadrian Archon in Athen war (Müller, hist. Graec. fragm. III 623: Phlegon fragm. 54), dem nachmaligen Kaiser gesetzt worden. Durch die letzten Worte der Inschrift findet das Decemvirat litibus iudicandis seine Bestätigung, ebenso wird in ihr das Legionstribunat bei

Kommentar hierzu folgende Ansicht geäußert: „quam (sc. curam actorum) cum post quaesturam eum administrasse biographus referat sc. in urbe, urbe autem eum exiisse viderimus ante quam quaesturam deponeret, nihil restat nisi ut hanc administrarit reversus ex eo bello ante quam tribunatum susciperet, potuitque ea a Spartiano extra ordinem referri utpote re coniuncta cum quaestura imperatoria studioque litterarum Latinarum". Mommsen meint ferner, daß die Inschrift die Quästur mit dem Comitatus verbinde, zeige „Hadrianum cum Traiano exiisse quaestorem etiamtum"; ich gebe zu, daß die Wahrscheinlichkeit zunächst für diese Auffassung spricht, gleichwohl müssen wir an der chronologischen Folge, wie sie das Exzerpt der Vita gibt[45]), festhalten. Denn dasselbe ist nach der Lücke am Ende von Kap. 2 wieder vollständig in Ordnung; die Angaben sind durchaus präzis gehalten und sachlich korrekt; ich erinnere nur an die noch in dieser Verkürzung geradezu plastisch hervortretende Episode im Senate[46]); wir haben dementsprechend kein Recht, einer „et"-Verbindung einer Inschrift zuliebe die ganz exakten chronologischen Angaben von 2, 2 zu verwerfen oder anzunehmen, Spartianus habe hier Konfusion gemacht; wenn das letztere der Fall ist, so sieht es in

---

der II Adiutrix (V. 2, 2) erwähnt; daneben finden sich noch zwei weitere Militärtribunate, das bei der legio V Macedonica und das bei der legio XXII Primigenia, die anscheinend in der Vita fehlen. Die legio V Macedonica war in Niedermösien stationiert, ihr stativum Troesmis; V. 2, 3 heißt es also ganz richtig, daß Hadrian von der legio II Adiutrix „in inferiorem Moesiam" versetzt worden sei, d. h. mit anderen Worten eben zur legio V Macedonica; vgl. S. 18. Andererseits ist V. 2, 5 von einer ferneren Versetzung nach Obergermanien die Rede; hier garnisonierte wiederum die legio XXII Primigenia, so daß folglich auch dieses Tribunat aus der Epitome hervorgeht. Wir sehen nebenbei, wie Spartianus exzerpiert hat; es ist wohl so gut wie ausgemacht, daß der sachliche Gewährsmann in seinem Werke beide Legionen namentlich aufgeführt hat: Spartianus kürzte auf das äußerste, aber er ließ wenigstens die Angaben der Provinzen stehen, wo die Truppen lagen, zu denen Hadrian abging. In zwei anderen Fällen hat er überhaupt tabula rasa gemacht, ich meine bei dem Sevirat Hadrians und der 'praefectura feriarum Latinarum', von denen die Inschrift berichtet, die aber in dem sachlichen Exzerpte fehlen. Ich stehe nicht an zu behaupten, daß sie eben nur in unserem Auszuge weggelassen sind, in der exakten Primärquelle aber gestanden haben; die Gewissenhaftigkeit des sachlichen Autors, die oft noch nach Spartianus so glänzend erhellt, bürgt für meine Annahme.

45) Vgl. S. 20.
46) Staatsrechtlich alles aufs beste in Ordnung; nach Mommsen, Staatsrecht II, S. 555 wurde der kaiserliche Quästor in der Stadt „gebraucht, insbesondere, um Anträge, die der Kaiser abwesend oder auch anwesend schriftlich an den Senat brachte, in demselben zu verlesen".

der Vita freilich anders aus! Hadrian ist eben nicht gleichzeitig mit seinem Oheim ins Feld gezogen, sondern er ist ihm erst „prosecutus", vermutlich wohl noch im Laufe des Sommers 101. Mithin hat die Tätigkeit bei den Senatsakten in Rom nur wenige Monate oder Wochen gedauert, so daß die Inschrift — wenn sie in Athen überhaupt bekannt war — sie kurzer Hand übergehen zu können meinte; denn das ist ja gerade das auffallendste, daß die Inschrift, die sonst alle Ämter und Würden des Hadrian aufzählt, von der „cura actorum" vollkommen schweigt. Man könnte vielleicht sagen, daß das absichtlich geschehen ist; Hadrian mochte nach dem, was uns V. 3, 1—2 mitteilt, später wohl überhaupt nicht gerne an sein erstes öffentliches Fiasko erinnert werden[47]).

V. 3, 3 zeigt des weiteren, wie rückhaltlos wir den Nachrichten des Gewährsmannes der Vita vertrauen dürfen. Im Felde bequemte Hadrian sich ganz dem derben, kriegerischen Tone, der in der kaiserlichen Umgebung zu herrschen pflegte, an, huldigte vor allem dem Bacchus und ward deswegen von Traian, der von dieser Entwicklung seines Neffen höchst angenehm überrascht war, auf das reichste beschenkt; V. 3, 3[48]). Bereits Mommsen hat in seinem Kommentar darauf hingewiesen, daß CIL III 550 „donis militaribus ab eo donato bis", anschließend an den Dakerkrieg, die Nachricht der Vita bestätigt; in der Tat ist die Inschrift hier abermals der beste Beleg für die Zuverlässigkeit unseres Autors; zu bemerken bleibt, daß er allein uns den Grund für die Geschenke des Herrschers mitteilt; daß er dabei nach seiner ausdrücklichen Angabe der Autobiographie Hadrians folgt, tut m. E. seiner Glaubwürdigkeit um so weniger Abbruch, als die gegebene Begründung für den nachmaligen Kaiser keineswegs besonders schmeichelhaft ist. Besondere kriegerische Verdienste hat Hadrian sich in dem ersten Dakerfeldzuge noch nicht erworben; dazu wäre im übrigen der gewesene Quästor auch noch reichlich jung gewesen: wirkliche Kriegslorbeeren sind Hadrian erst in dem zweiten Kampfe gegen die Daker zu teil geworden[49]). Wie wir wissen[50]), ist der Krieg im Laufe des Jahres 102 beendet worden;

---

47) So lassen sich auch aus den sachlichen Notizen der Vita, ohne daß man sie irgendwie zu urgieren braucht, Aufschlüsse über die Geschichte des Menschen Hadrian gewinnen.
48) Zur Erwähnung der Autobiographie siehe unten im Zusammenhange S. 44 f.
49) Vgl. S. 23.
50) Die Belegstellen siehe bei Schiller a. a. O. I 2, S. 552, Anm. 2; ferner ebenda I 2, S. 551 f., Anm. 6.

nach dem 19. Januar 103 kann der Triumph Traians in Rom jedenfalls nicht stattgefunden haben; wir haben ihn aller Wahrscheinlichkeit nach in den Spätherbst des Jahres 102 zu setzen. Hadrian seinerseits mag erst gegen Ende des folgenden Jahres nach der Hauptstadt zurückgekehrt sein, wie Mommsen a. a. O. annimmt; immerhin befindet sich in dem Texte des sachlichen Exzerptes der Vita vor 3, 4 eine Lücke; denn in diesem Paragraphen stehen wir bereits in dem Jahre 105, zum mindesten fehlt also vorher, was Hadrian in dem Jahre 104 in Rom getan hat, und wir vermögen diese Lücke höchstens durch Vermutungen auszufüllen, die hier zu weit führen würden.

Hadrian ist im Jahre 105 Volkstribun geworden; V. 3, 4. In der athenischen Inschrift heißt es: „praetori eodemque tempore legato legionis primae Minerviae piae fidelis bello Dacico item tribuno plebis"; Mommsen meint, daß der spätere Kaiser im Jahre 105 noch als Volkstribun mit der legatio der legio I Minervia ins Feld gegangen sei, indem er sich auf das „item" der Inschrift stützt. Die legatio zur Zeit des zweiten Dakerkrieges ist in der Vita 3, 6 korrekt angegeben; Traian ist Anfang Juni 105 aus Rom aufgebrochen[51]); das sachliche Exzerpt sagt ausdrücklich, daß Traian seinen Neffen mit sich geführt habe, und zwar als Befehlshaber der erwähnten Legion — wir können es demzufolge für ausgemacht halten, daß Hadrian an der Seite seines Oheims noch als tribunus plebis und gleichzeitig als legatus die Stadt verlassen hat. Auf dem Kriegsschauplatze zeichnete sich der Dreißigjährige in so hohem Maße aus, daß ihm Traian den Edelsteinring schenkte, den er selbst dereinst von Nerva bekommen hatte: so erhob er den jugendlichen Verwandten zu der Hoffnung der Nachfolge auf dem Throne; V. 3, 7. Im Jahre 107 ist die Unterwerfung Dakiens im wesentlichen durchgeführt gewesen; in dem gleichen Jahre ward Hadrian noch „absens"[52]) Prätor und empfing zur Durchführung der üblichen Spiele vom Kaiser 2000000 HS; V. 3, 8. Hierauf wurde er als prätorischer Legat nach Niederpannonien

---

51) Die Belegstellen bei Schiller a. a. O. I 2, S. 553, Anm. 2.

52) Das erfordert der oben mitgeteilte Text der Inschrift; vgl. auch Schiller a. a. O. I 2, S. 553. — Die Konsularangabe V. 3, 8 ist nicht in Ordnung; es muß statt „sub Surano bis et Serviano iterum conss." heißen: „sub Surano ter et Senecione iterum"; das erste Konsulpaar ist 102 im Amte gewesen. Mommsen hat übrigens vollkommen recht, wenn er ein dertiges Versehen beim Aufschlagen der Konsularfasten als ein ganz leichtes bezeichnet. Es ist dem sachlichen Gewährsmann selbst passiert.

gesandt, wo die an den Dakerkrieg anschließenden Völkerbewegungen noch nicht zur Ruhe gekommen waren. Noch in demselben Jahre 107, spätestens in den ersten Monaten von 108 unterdrückte Hadrian die aufständischen Sarmaten und erwarb sich weiterhin dadurch ein besonderes Verdienst, daß er die Kriegszucht überall scharf handhabte sowie die übermütigen Prokuratoren in ihre gesetzlichen Schranken zurückverwies. Deswegen wurde er 108 Konsul (suffectus)[53]. Als solcher erfuhr er von seinem alten Freunde Sura, der ihm schon vor mehr als 10 Jahren in Germanien beigestanden hatte, daß Traian ihn zu adoptieren beabsichtige. Sura scheint seine Nachricht wohl absichtlich weiter bei Hofe verbreitet zu haben, da hier eine starke Hadrian feindliche Partei bestand, an deren Spitze sich Männer wie Palma und Celsus befanden. Suras Andeutungen verfehlten ihren Zweck nicht; Hadrians Ansehen stieg; auch der engere Freundeskreis Traians, der ebenso dem jungen Mann bislang wenig gewogen war, hörte auf ihn zum Gegenstand seines Spottes und seiner Vernachlässigung zu machen; V. 3, 9—10. Als Sura starb, war die Stellung Hadrians gesichert. Traian stellte ihn von Tag zu Tag höher in seiner Gunst, vornehmlich deswegen, weil der Neffe in trefflicher Weise die Reden für den Kaiser aufzusetzen pflegte[54]. V. 3, 11. —

Es ist nicht allzu schwer, noch zu erkennen, warum Hadrian ursprünglich dem Kreise der Generäle Traians fremd, ja unerwünscht erschien; denn deutlich genug läßt sich alles noch in dem verdünnten Exzerpte der Vita unterscheiden. Und in der Tat entspricht das, was aus ihm hervorgeht, durchaus dem, was wir sonst über die Persönlichkeiten der beiden Kaiser wissen können. Dabei ist zu betonen, daß sich eine Charakteristik in dem sachlichen Bestande der Vita nicht findet; die mitgeteilten Fakta und die Beleuchtung, in die sie gerückt sind[55], allein sprechen eine genügend deutliche Sprache.

Auf der einen Seite Traian, durch und durch Soldat, mit einem scharfen Blicke und treffendem Urteil begabt, ebenso mit einem ausgezeichneten Verstande, gleichwohl ein Freund von gutem und reichlichem Essen und Trinken, überhaupt von allem sinnlichen — nicht gerade in des Wortes schlechtester Bedeutung — Lebensgenuß, an sich tüchtig gebildet, doch ohne alle litterarischen oder künstlerischen Interessen und feineres ästhetisches Empfinden; auf der anderen Seite Hadrian, als Soldat dem Oheim kaum nachstehend, als Feldherr ihm

---

53) Vgl. CIL XIV 2242.
54) Wie richtig also das Urteil V. 3, 1!
55) Vgl. S. 12 ff.

gewiß ebenbürtig, von eiserner Energie, die man in dem Maße Traian
sicher nicht nachsagen kann, der Wollen und Vollbringen eins war,
nur daß sie nicht, wie Traian, jemals wollte, was zu erreichen unmöglich war, Schwelgerei und Gelagen außer in der Sturm- und
Drangperiode der ersten Jugendzeit wenig geneigt, aber vor allem
begabt mit der lebhaftesten, bis in das Überreizte gesteigerten künstlerischen Empfindung, ein begeisterter Verehrer des Hellenentums
und seiner unsterblichen Schöpfungen, selbst ein hervorragender
Stilist in beiden Sprachen; — nehmen wir eine weitere Seite Hadrians
hinzu, die wir aus der Geschichte seines späteren Lebens kennen, die
fast unerklärliche, nervöse Unrast, die ihn als gereiften Mann verfolgte,
von Ort zu Ort trieb, in den Aufregungen und Strapazen der Jagd
Vergessenheit ihn suchen lehrte, so können wir unter der Voraus-
setzung, daß die Anfänge derselben sich schon in jüngeren Jahren
geltend machten, noch besser verstehen, wie antipathisch diese kom-
plizierte Persönlichkeit dem kriegsfrohen, derben und spottlustigen
Kreise der Feldherren Traians gewesen ist, zumal wohl dieser und
jener fühlen mochte, daß Hadrian ihn nur zu sehr übersah. Aus
dieser Stimmung heraus ist endlich das seltsame und bei einer so
nüchternen Natur, wie Traian es im allgemeinen trotz seiner Kon-
quistadorenphantasmata war, schwer verständliche Zögern zu erklären,
den jungen Hadrian zu adoptieren und damit einen Schritt zu tun,
von dem es kein Zurück gab. Ehrlich, wie er war, mochte der
Kaiser die hervorragenden Gaben und die bewährte Tüchtigkeit seines
Neffen voll anerkennen, mochte er sich immer mehr überzeugen, daß
niemand wie jener würdig war, sein Nachfolger zu werden; das
dunkle Gefühl, wie himmelweit Hadrian im Grunde von ihm verschieden sei, wie es letzthin eine wirkliche innerliche Verständigung
mit ihm nie gäbe und geben könne, hielt ihn bis unmittelbar vor
seinem Tode von dem Schritte zurück, zu dem doch die fortgesetzt
sich verstärkende Anerkennung und Belohnung der Verdienste des
Neffen als notwendige Konsequenz hindrängte.

Einzig das sachliche Exzerpt der Vita zeigt uns diese Entwicklung
trotz aller Kürze so deutlich und klar, daß wir, wenn es auch den
Grund zu derselben mehr andeutet und erraten läßt als ausspricht,
in Verbindung mit unserem sonstigen historischen Wissen ein Bild
von den intimsten Vorgängen des Werdeganges Hadrians erhalten, das
alle sonstige Überlieferung für jene Zeit weit übertrifft. —

Nach Suras Tode ist Hadrian auch die Gunst der Kaiserin-
gemahlin Plotina zuteil geworden; sie trug hauptsächlich dazu bei,

daß er zur Zeit des Parthischen Krieges, zu dem sich Traian im Jahre 113 nach dem Oriente begab, zum legatus destiniert wurde; V. 4, 1. Die 5 zwischen Hadrians Konsulat und dem Ausbruche des neuen Krieges liegenden Jahre hat der spätere Kaiser wahrscheinlich vor allem dazu benutzt, in Rom die Verwaltung des Weltreiches kennen zu lernen, ein Studium, über das der kärgliche Epitomator vollkommen schweigt, das aber nur in diese Zeit verlegt werden kann und dessen Ernst und Erfolg die reiche Frucht der Regierung des Kaisers Hadrian als sicher verbürgt[56]).

V. 4, 2 erwähnt die Freunde, an deren Gesellschaft Traians Neffe damals besonderen Gefallen fand, von Senatoren Sosius Papius und Platorius Nepos, von Rittern Attianus, Livianus und Turbo[57]). Die Hoffnung auf Adoption erhöhte sich um diese Zeit dadurch, daß Palma und Celsus, die beiden Hauptgegner Hadrians am kaiserlichen Hofe, in Ungnade fielen infolge des Verdachtes hochverräterischer Umtriebe. Für das Jahr 118 verschaffte die Gunst der Plotina Hadrian die Designation zum Konsul[58]), und damit hatte sich der 41jährige Mann endlich[59]) die vollkommene Gewißheit der bevorstehenden Annahme an Kindesstatt verdient; V. 4, 3—4.

Am 9. August 117 hat Hadrianus als Legat von Syria die Nachricht von seiner Adoption in Antiocheia erhalten. Mithin war diese selbst vermutlich am 7. oder 8. August in Cilicia, durch das Traian gerade nach Westen zog und wo ihn die tötliche Krankheit überrascht hatte, vollzogen worden. Am 10.[60]) August ist der Kaiser im Alter von noch nicht 64 Jahren in Selinus dahingegangen; der Sohn erhielt sofort die Nachricht von dem Todesfall, am 11. August zu Antiocheia, den er selbst als den Tag seines Regierungsantrittes auffaßte und späterhin als solchen — wie den 9. als den offiziellen Tag seiner Adoption — festlich begehen ließ; V. 4, 6—7[61]).

Hadrians hohes Ziel war erreicht. Wenn der biographische Bestand der Vita 4, 9 davon schwatzt, daß Traian die Bestimmung

---

56) In diese Zeit fällt das Archontat Hadrians in Athen, nämlich in das Jahr 112; vgl. S. 20, Anm. 44.
57) Siehe in anderem Zusammenhange S. 36 f.
58) Vgl. S. 14, Anm. 23.   59) „emeruit" (S. 14, Anm. 24!).
60) Mommsen, Chronogr. v. 354, p. 646 „VII Id. Iulias excessit Selinunti" hat „VII Id. Aug." (7. Aug.) als den Todestag vermutet. Das ist gegenüber dem sachlichen Berichte nicht mehr haltbar; vielleicht ist später der dies adoptionis mit dem imperii verwechselt und der Rückschluß gezogen worden, Traian sei an ersterem gestorben.   61) Vgl. hierzu S. 12 ff.

seines Nachfolgers dem Senate habe überlassen wollen mit der Beschränkung, daß dieser aus einem übersandten Verzeichnis den Besten wählen solle, so mag das einer senatorischen Tradition in dem Sinne entsprochen haben, daß hier der Wunsch der Vater des Gedankens war; auch mag es zu gleicher Zeit interessant sein, zu sehen, was in jenen Tagen der Senat selbst für das höchste ihm unter den gegebenen Verhältnissen noch faktisch Erreichbare hielt. Die Folgezeit hat gelehrt, das Traians Wahl, die er auf dem Totenbette nach jahrelangem Zaudern und Prüfen traf, in Wahrheit die beste gewesen ist[62]).

## II

## Die Übernahme des Imperium durch Hadrianus im Orient und sein Zug an die Donau

Nach der biographischen Unterbrechung 4, 8—10 setzt sich der chronologische Bestand der Vita in den folgenden Kapiteln weiter fort. Wir betrachten zunächst c. 5 und 6 sowie c. 7 bis zur Ankunft des Kaisers in Rom (ausschließlich) 7, 3. Wie es die zeitliche Anordnung des ursprünglichen Werkes erfordert, wird hier zunächst die Übernahme des Imperium im Orient, dann der Zug an die Donau behandelt.

Sogleich weisen uns die äußeren Kennzeichen auf den sachlich-historischen Autor hin:

c. 5 § 1 adeptus imperium — statim;
§ 2 denique;
§ 5 statim — sub primis imperii diebus;
§ 6 postea;
§ 8 sublatis gentibus Mauris — Iudaeis conpressis;
§ 9 post haec;
§ 10 quibus exceptis et navi Romam dimissis — praepositoque Syriae Catilio Severo (vgl. unten S. 29 ff.);
c. 6 (§ 2 cum ad senatum scriberet;)
(§ 3 cum triumphum ei senatus — detulisset;)

---

62) Daß wir häufig berechtigt sind, einzelne Bemerkungen des biographischen Bestandes als zeitgenössischer Anschauung entsprossen in ihrer Art historisch zu verwerten, zeigt z. B. V. Severi c. 14, 13 (vgl. meine „Beiträge" S. 48, speziell Anm. 61) und habe ich auch schon in meiner „Einleitung" zu dieser Arbeit namentlich auf S. 3f. hervorgehoben.

c. 6 § 4 statim et iterum postea;
  § 6 audito dein tumultu — praemissis exercitibus;
  § 7 post Mauretaniam — ad tempus;
c. 7 § 3 statim.

Die Einführung von c. 5 „ad priscum se statim morem instituit" entspringt einer spezifisch sachlichen Auffassung; vgl. V. Hadr. 22, 5; V. Pert. 8, 9; 14, 6; cf. V. Ant. Pii 6, 4 sowie unten im Zusammenhange S. 34; 42. Der Abschnitt 5, 1—4 ist geradezu eine Einleitung zu dem Folgenden, in welcher zusammenfassend die Gründe für die Aufgabe der orientalischen Provinzen, die Traian erobert hatte, angegeben werden. Gegenüber den harten und feindseligen Urteilen, die von seiten der Zeitgenossen namentlich diesen Maßregeln gewidmet wurden, ist es verständlich, daß der sachliche Gewährsmann ihre Verteidigung auf Grund seiner besseren Einsicht in einem besonderen Abschnitt unternommen hat. Die § 2 mitgeteilten Unruhen finden in der folgenden chronologischen Darstellung ihre Bestätigung, so der Maurenaufstand durch 5, 8 und 6, 7, die Sarmateninvasion durch 6, 6—8, die Unruhen in Britannien durch 11, 2 (16, 3), die Judengefahr durch 14, 2; zu letzterer ist im besonderen Dio LXVIII 32 zu vergleichen; auch ist anzunehmen, daß die von Dio LXIX 12—14 anschaulich geschilderte Erhebung des Bar-Kokaba sich in Palästina schon lange Jahre vorher in Sturmzeichen ankündigte. Ebenso haben die Mauren während der späteren Regierung Hadrians nur schwer und nicht immer Ruhe gehalten; V. 12, 7. „Ut dicebat" 5, 3 kann in dieser Form nicht aus der Autobiographie entnommen sein, sondern geht so oder so vermutlich auf zuverlässige persönliche Instruktion zurück, die dem Autor vielleicht durch seinen Vater oder andere ältere Verwandte überkommen war[63]). Es ist zu bemerken, daß die 5, 3 berichtete Äußerung sich vollkommen mit der allgemeinen Auffassung 5, 1 von dem „priscus mos" deckt, ihm in gewissem Sinne untergeordnet erscheint; außerdem stimmt das Kaiserwort mit Hadrians bekannten archaisierenden Bestrebungen und Bemerkungen durchaus überein. 5, 4 ist gleichfalls in Ordnung, wie ein Vergleich mit V. 21, 10 (Eutropius VIII 6, 2), Rufus Festus 14, 20, Suidas $\Delta o\mu\varepsilon$-$\tau\iota\alpha\nu\delta\varsigma$, Euseb.-Hieron. Chron. p. 165, a. 2133 lehrt. Über die Kämpfe in „Libya" 5, 2 vgl. Dio LXVIII 32 und unten S. 36.

---

63) Unser Autor selbst ist frühestens um 130 geboren, da er ja Caracalla noch monographisch behandelt hat.

Im Folgenden gehört zunächst 5, 5—6, 5 zusammen, ein Abschnitt, den man „Übernahme des Imperium im Orient im engeren Sinne" betiteln könnte. Er behandelt zunächst das „studium clementiae" des neuen Herrschers; zu bemerken ist der für den sachlichen Autor charakteristische Ausdruck „suspectus imperio" 5, 5 u. 8, vgl. S. 10. Das „iniusso eius" 5, 6 ist homolog dem „invito Hadriano" 7, 2 und ein Beleg, daß an beiden Stellen die gleiche Primärquelle vorliegt. 5, 7 ist einfach die sachliche Notierung der largitio duplex an das Heer[64]. Aus 5, 9 ersehen wir, daß zwischen dem Tode Traians und dem ersten Aufbruch aus Antiocheia nur wenige Tage vergangen sein können; es ist aber sehr unnötig daher zu behaupten, daß die V. 5, 5—8 berichteten Ereignisse chronologisch verschoben seien, zumal 6, 7 mit 5, 8 zusammenstimmt; vgl. S. 38 f. Das Ungeschick des Exzerptors, das in c. 5—7 öfters zu bemerken ist, hat erst 5, 10 den sachlichen Bericht in einer ganz merkwürdigen Weise entstellt.

V. 5, 10 lautet folgendermaßen: „quibus (sc. reliquiis Traiani) excerptis et navi Romam dimissis ipse Antiochiam regressus praepositoque Syriae Catilio Severo per Illyricum Romam venit". 6, 1—5 indessen wird in sachlicher, wenn auch stilistisch nicht gerade sehr schöner Weise verkürzt[65] das erzählt, was Hadrian nach seiner Rückkehr nach Antiocheia dort getan hat, alles Handlungen, die er eben nur in dieser Stadt ausgeführt haben kann[66]. 6, 6 geht es darauf weiter: „audito dein tumultu Sarmatarum et Roxolanorum praemissis exercitibus Moesiam petit". Dann folgen 6, 7—8 die Berufung des Marcius Turbo aus Mauretania (vgl. 5, 8) an die untere Donau und eine Verhandlung mit dem Roxolanenkönig. Die Epitome ist auf das äußerste verdünnt. Etwas reichhaltiger setzt sie sich in c. 7 fort, immer dem sachlich-chronologischen Gewährsmann folgend, wie aus einem Vergleich von 7, 2 mit 5, 6[67], der Erwähnung der Autobiographie des Herrschers ebenhier, der sachlich-apologetischen Tendenz und dem chronologischen „unde statim" 7, 3[68] zur Genüge erhellt. Letzterer Paragraph lautet in

---

64) Siehe S. 35. Über 5, 8 vgl. noch S. 37.

65) 6, 2 „cum ad senatum scriberet"; 6, 3 „cum triumphum ei senatus detulisset" u. 6, 4 „nomen delatum".

66) In Anbetracht dessen, was wir sonst historisch wissen, wäre es müßig, hierfür erst einen umständlichen Nachweis zu liefern; vgl. Schiller a. a. O. I 2, S. 610.     67) Worauf schon oben hingewiesen.

68) Siehe die Zusammenstellung S. 28.

seinem ersten Teil: „unde statim … Romam venit Dacia Turboni credita, titulo Aegyptiacae praefecturae, quo plus auctoritatis haberet, ornato". Ebenso geht es sachlich weiter [69]).

Betrachten wir diese Darstellung der Ereignisse im Zusammenhange, so ist klar, daß in 5, 10 bis zu dem Worte „regressus" alles in Ordnung ist. Die Schwierigkeiten beginnen erst mit dem, was folgt. Einerseits ist es, wie nachgewiesen, unmöglich, in c. 5—7 einen Quellenwechsel anzunehmen [70]): auch die Art, wie Turbo dreimal erwähnt wird, läßt einen solchen Schluß nicht zu, sondern zeigt nur das Ungeschick des Exzerptors, der 7, 3 an richtiger Stelle das wiederholt, was er in einer ganz vagen und so überhaupt kaum verständlichen Form („Daciaeque ad tempus") 6, 7 vorweggenommen hat. Mit dem Verfahren, das der Epitomator an dieser Stelle beliebt hat, ist auch der Schlüssel für die Auffassung von 5, 10 gegeben. Dürr hat das a. a. O. S. 17, Anm. 46 schon ganz richtig gefühlt, wenn ihm auch sonst häufig infolge seines MM-Glaubens schwere Irrtümer untergelaufen sind; denn er sagt: „Spartians 'Romam venit' ist offenbar nur eine ungeschickte doppelte Erzählung eines Faktums. An richtiger Stelle trägt er dasselbe 7, 3 nach MM vor; die Notiz am Schluß von c. 5: „per Illyricum Romam venit" ist eigner Zusatz von ihm, eine kurze antizipierende Andeutung dessen, was er in 6, 6—7, 3 ausführlicher berichtet, entstanden durch das Bestreben, die fortlaufende Erzählung, die er hier durch den offenbar von ihm selbst aus verschiedenen Stücken seiner Hauptquelle zusammengearbeiteten episodischen Passus 6, 1—5 unterbricht, in c. 5 zu einem vorläufigen Abschluß zu bringen". MM und den „episodischen Passus" lassen wir beiseite, und den von Dürr herausgegebenen Schluß von c. 5 erweitern wir durch das unmittelbar vorhergehende „praepositoque Syriae Catilio Severo", dazu nehmen wir die Nutzanwendung aus dem, was wir soeben den Exzerptor 6, 7 im Vergleich zu 7, 3 tun sahen, und wir werden der Wahrheit zum mindesten recht nahe kommen.

In der Tat liegt die Sache etwa so: Spartianus hat die Ge-

---

69) Vgl. unten S. 39.
70) Was Dürr in seinen „Reisen des Kaisers Hadrian", Abhandlungen des archäologisch-epigraphischen Seminars der Universität Wien, Heft II, Wien 1881, S. 83 f., Anm. 410 irrtümlich unternommen hat. Es erübrigt sich, hier auf seine vorgebliche Beweisführung einzugehen, da dieselbe in den wesentlichen Punkten richtig von Plew „Quellenuntersuchungen zur Geschichte des Kaisers Hadrian", Straßburg 1890, S. 25 ff., widerlegt worden ist.

schichte der Übernahme des Imperium im Orient durch Hadrian zweimal bearbeitet; das erste Mal hat er ein leidlich vernünftiges Exzerpt zustande gebracht, das zweite Mal dasselbe „überarbeitet", da ihm einiges darin nicht recht in den Kopf wollte. Sein ganzer Gedankengang hierbei ist der denkbar simpelste zu nennen. Vor allem erschien es ihm als das Natürliche, daß Hadrian mit dem Senate an Ort und Stelle in Rom verhandelte. Nach seiner Meinung also war der Kaiser in der Hauptstadt, als er sich mit dem Senate wegen der Traian zu erweisenden Ehrungen in Verbindung setzte; daß er hier demselben nicht weiter lange Briefe hätte zu schreiben brauchen, fiel ihm um so weniger auf, als zu seiner Zeit ein direkter Verkehr zwischen Kaiser und Senat durchaus nicht an der Tagesordnung war. Von Rom aus, meinte er weiter, ist dann der Herrscher nach Moesia abgegangen. Da gerade dieser Teil der Epitome auf das äußerste gekürzt worden ist, brauchte ein solcher Aufbruch aus der Metropole gar nicht erwähnt zu werden; er war ohnehin selbstverständlich. Nach der Regelung der Angelegenheiten an der Donau ist Hadrian nach Spartians Ansicht eben wieder auf Grund der beunruhigenden Nachrichten aus Rom dahin zurückgekehrt[71]).

So weit ist alles ganz einfach; aber höchst merkwürdig ist nun die Art und Weise, wie Spartianus — oder aber gar der Schlußredaktor (Anm. 71) — bei seiner zweiten Überarbeitung verfahren zu haben scheint. Denn ich könnte bis jetzt noch keine irgendwie analoge Stelle in den Viten heranziehen. Andererseits ist die Methode, für die eine große Wahrscheinlichkeit selbst in Ermangelung sonstiger Analoga spricht, wirklich in solchem Maße die allersimpelste, die es gibt, daß wir sie für diese Einfältigen im Geiste nur passend finden können: Mosaikarbeit par excellence.

„Praepositoque Syriae Catilio Severo" schließt an „Antiochiam regressus" in einer Weise an, die stilistisch zum mindesten recht auffallend ist und den Gedanken an einen nachträglichen Einschub wenigstens sehr nahe legt. Gewiß, wir dürfen mit solchen Kriterien bei den SHA nur sehr, sehr vorsichtig verfahren, aber ist die Nachricht sachlich an ihrem richtigen Platze? Kaum; wird Hadrian tatsächlich, solange er in Syria weilte, einen Praepositus der Provinz neben sich nötig gehabt haben? Wird er ihn nicht erst eingesetzt haben, als er den Orient, als er Syria verließ? Wo gehört

---

71) Man kann natürlich auch annehmen, daß erst dem Schlußredaktor diese „Gedanken" gekommen sind; für die Sache ändert das gar nichts.

also der inkriminierte Ablativus absolutus hin? oder mit anderen Worten: Woher ist er aus dem sachlichen Primärexzerpt genommen? Die Antwort lautet selbstverständlich: Daher, wo er sachlich-chronologisch hat stehen müssen, vor dem Aufbruche des Kaisers aus Syria nach Moesia 6, 6. Da ist geradezu frappant, wie der Ablativus Absolutus grammatisch hinpaßt; das „präposito-que" schließt tadellos an „audito ... tumultu ... praemissis exercitibus" an! Doch das kann ein Zufall sein; — jetzt versuche man einmal das gleiche Verfahren mit dem zweiten beanstandeten Satzteil 5, 10 „per Illyricum". Der gehört allerdings vor ein „Romam venit", aber nicht vor das, vor dem er steht, sondern vor das 7, 3. Einzig und allein so wird die Marschroute erklärlich und erhält die Angabe derselben überhaupt erst einen Sinn. Man kann ganz und gar nicht sagen: Jemand reist von Syrien durch Illyricum nach Rom; sowie man aber die Reiseroute von Mösien nach der Stadt angeben will, ist diese Bestimmung an ihrem richtigen Platze; denn von Mösien gibt es hierher drei Wege: über Epidaurus und dann per Schiff, über Illyricum und über Pannonien. Der kurze Seeweg mochte nicht mehr sicher genug oder aus irgend einem anderen Grunde nicht geraten erscheinen, so wurde der nähere Landweg eingeschlagen, da Eile geboten war; dieser aber führte über Illyricum! „Romam venit" (5, 10) endlich soll c. 5 in dem oben gekennzeichneten Sinne zum Abschluß bringen oder mag ev. auch einem mißverstandenen und schon von Anfang an schiefen „Romam petit", das dann eben den obigen Gedankengang mit hervorgerufen haben kann, entsprochen haben. Mithin hat es c. 5, 10 und 6, 1 ursprünglich geheißen: „quibus exceptis et navi Romam dimissis ipse Antiochiam regressus. Traiano divinos honores datis ad senatum et quidem accuratissimis litteris postulavit ..."; ferner 6, 6: „audito dein tumultu Sarmatarum et Roxolanorum praemissis exercitibus praepositoque Syriae Catilio Severo Moesiam petit". Endlich 7, 3: „unde statim Hadrianus ad refellendam tristissimam de se opinionem, quod occidi passus esset uno tempore quattuor consulares, per Illyricum Romam venit Dacia Turboni credita, titulo Aegyptiacae praefecturae, quo plus auctoritatis haberet, ornato". Jetzt erst ist alles in Ordnung; ich glaube nicht, daß auf diese Weise den Dingen Gewalt angetan worden ist. Auf alle Fälle sind die Anzeichen, die ich soeben hervorgehoben habe, für eine kritische Behandlung der Viten beachtenswert.

Es erübrigt noch, darauf hinzuweisen, daß die Nachrichten dieses Teiles des sachlichen Bestandes der Vita durch Dios Mitteilungen, die ihnen gegenüber allerdings sehr dürftig ausfallen, bestätigt werden. LXIX 2, 2 wird das Schreiben des Hadrianus an den Senat erwähnt, das V. 6, 1 als „accuratissimae litterae" bezeichnet. Der von Dio angegebene Inhalt deckt sich mit dem, was die Vita über ihn weiß. 2, 3 das Begräbnis Traians in Rom setzt V. 5, 10 die Sendung seiner Überreste nach der Stadt voraus.

Im Folgenden ist des Xiphilinus Exzerpt so dürftig, daß wir von dem Aufbruche des Kaisers aus Syrien und seinen Maßnahmen an der Donaugrenze überhaupt nichts erfahren. Von der Verschwörung, welche Hadrians Leben und Herrschaft gleich im Anfange seiner Regierung bedrohte, berichtet Dio-Xiphilinus übereinstimmend mit dem sachlichen Autor: gleicherart werden die Namen der Verschwörer V. 7, 2 und Dio c. 2, 5 erwähnt und wird mitgeteilt, Hadrian habe sich dagegen verwahrt, daß die Hinrichtung derselben nach seinem Wunsch und Willen erfolgt sei: V. 7, 2 und Dio c. 2, 6. Daß indes wieder nicht der sachliche Gewährsmann aus Dio oder dieser aus ihm geschöpft haben kann, geht aus dem bei beiden verschieden berichteten Anschlage hervor: nach Dio soll er bei einer Jagd, nach der Vita bei einem Opfer erfolgt sein.

Mit Recht hebt der Historiker der Vita in seiner Einleitung zu der Regierung Hadrians hervor, daß der neue Herrscher nicht der planlosen Eroberungspolitik seines Vorgängers folgen konnte und durfte. Nicht nur das alte, seit Augustus auf dessen Rat (Tacit. Annal. I 11, Dio Cassius LVI 33) beobachtete und bewährte System, keine neuen Eroberungen zu machen[72]), sondern die bisherigen zu festigen und zu bewahren, sprach dafür. Bei Traians Tode stand das Reich keineswegs in sich geschlossen und jedermann furchtbar, keineswegs auch nur triumphierend über die äußeren Feinde da, nicht einmal die inneren waren niedergeworfen, sondern sie erhoben kecker und gefahrdrohender denn je ihr Haupt. Die Teile des Reiches, welche Traianus ihm eben erst angegliedert hatte, waren im Abfall von einer Herrschaft, der fast jede innere Beziehung zu ihnen fehlte, begriffen; im Reiche selbst drohten die Mauren mit Unruhen, die Sarmaten schickten sich an einzufallen, die Britannier konnten nicht mehr unter der römischen Oberhoheit gehalten werden, in Ägypten erhob sich der Aufruhr, Libyen und Palästina bewegte ein rebellischer Geist. So war es ein Akt der Klugheit und der Notwehr zugleich,

---

72) Die Unterwerfung des keltisch-druidischen Britanniens ist in diesem Sinne keine Neueroberung gewesen, sondern einfach das notwendige Mittel zur dauernden Sicherung Galliens.

daß Hadrian die Eroberungen jenseits des Euphrat und Tigris aufgab nach dem Beispiele eines Cato, wie er selbst, seiner inneren Neigung für die ruhmreiche Vergangenheit folgend, zu seiner Entschuldigung zu sagen pflegte, der die Macedonier für frei erklärt hatte, weil es unmöglich war, sie zu behaupten. Naturgemäß mußte Hadrian jetzt auch auf die Kandidatur des Partomasiris (Parthamaspates), den Traian den Parthern zum Könige eingesetzt hatte, verzichten, da sich dieser König von Roms Gnaden ohnehin nicht hätte bei seinen Landsleuten halten können, und somit ist von allen Eroberungen Traians dem Reiche nur Dakien, die natürliche Vorburg der unteren Donauländer, geblieben und konsequent romanisiert worden[73]).

Sicher ist, daß Hadrian im Interesse des Ganzen nicht recht daran getan hat, auch Armenien, ebenso den naturgegebenen Schutz der römischen Herrschaft im Orient, zu räumen und über dies ewig unruhige Land einen römischen Vasallenkönig einzusetzen. Die Folgezeit hat nur zu deutlich gelehrt, daß das Vorgehen Hadrians an dieser Stelle geradezu verhängnisvoll gewesen ist. Aber angesichts der Verhältnisse, die wir aus der sachlichen Epitome der Vita kennen und erraten können, ist es verständlich, daß Hadrian so und nicht anders handelte. Die Behauptung Armeniens hätte zunächst zu neuen Verwicklungen, deren Ende sich nicht im vornherein absehen ließ, geführt; sie hätten aller Wahrscheinlichkeit nach die persönliche Anwesenheit des Kaisers noch auf lange hinaus gefordert; jedoch diesem war es nicht mehr vergönnt, weiter im Orient zu verweilen, zu sehr drängte die Gefahr an der kaum erst befriedeten Donaugrenze, zu sehr auch die innere Gefahr in Rom. Dort waren die für Hadrian ungünstigsten Gerüchte im Umlauf, genährt von den Unzufriedenen, die es zu allen Zeiten gegeben hat, getragen von dem spott- und neuerungssüchtigen Haufen. Das alles wäre gewiß zu ertragen gewesen; gefährlicher war schon, daß man fast allgemein die Adoption des neuen Herrn durch den sterbenden Traian in die schlimmsten Zweifel zog, ihn eines schmutzigen Verhältnisses und sträflichen Einverständnisses mit der Kaiserinwitwe beschuldigte und so in doppelter Weise die Legitimität seiner Nachfolge angriff. Am schlimmsten

---

73) Hadrian hat wahrscheinlich gleich 118 an der Donaumündung die colonia Aelia Mursa, event. auch die colonia Aelia Aquincum angelegt; 132/3 ist die Wasserleitung zu Sarmizegetusa fertiggestellt worden. Vgl. CIL III p. 415, No. 1446. Inschriften zu Ehren Hadrians sind in Dakien sehr häufig, ebd. 953, 1371, 1445 etc. Hadrian hat sich also Dakiens mit Energie angenommen.

aber war das letzte Moment, das hinzukam: Hadrian hatte, wie Seite 24 f. dargelegt, dem Kreise der Generäle Traians immer fremd und unerwünscht gegenübergestanden; ihnen schien bei der ausgesprochenen Friedenspolitik des Nachfolgers jede Aussicht auf weitere Betätigung und Mehrung ihres kriegerischen Ruhmes so gut wie abgeschnitten; endlich wollten sie sich in die neue Ordnung der Dinge nicht fügen, da sie glaubten, sie brauchten es nicht, sie, die Freunde des vergöttlichten Traian, die Lieblinge des Volkes, die außerdem die Truppen, auf denen die Entscheidung letzthin allein ruhte, in der Hand zu haben meinten als die sieggekrönten Führer einer großen kriegerischen Zeit. So ist es Hadrian nicht zum Vorwurf anzurechnen, daß er Armenien, welches er vielleicht hätte halten können, aufgab und zunächst an die Donau, noch im Herbste des Jahres 117, eilte, wo die äußere Gefahr dringend und er selbst der Hauptstadt näher war. Wer von uns, die wir auf die dürftigsten Exzerpte angewiesen sind, vermöchte heute noch alle die Eventualitäten gebührend in Betracht zu ziehen, die Hadrians Politik in den ersten Monaten seiner Herrschaft bestimmt haben?

Daß Hadrian in Rom Schlimmes zu befürchten hatte, geht aus V. 5, 5 hervor: der Stadtpräfekt Baebius Macer muß überaus schwankend gewesen sein; der väterliche Freund Hadrians, sein ehemaliger Vormund Attianus, befürchtete dessen Abfall oder Gehorsamverweigerung. Er gab gleich in den ersten Tagen der Regierung des Kaisers diesem den Rat, er möge Baebius bei dem geringsten Versuche eines Widerstandes töten lassen, ebenso den Laberius Maximus, der in der Verbannung auf einer Insel lebte, sowie den Frugi Crassus, der gleichfalls im Exil war. Hadrian aber erhoffte alles von der Milde, er vernichtete die Genannten nicht; nur Crassus wurde von dem Prokurator getötet, als er seinen Verbannungsort zu verlassen suchte, als beabsichtigte er Neuerungen, ohne einen ausdrücklichen Befehl des Kaisers, wie der Autor besonders bemerkt. Um in dem Heere keinerlei Unzufriedenheit aufkommen zu lassen, gab Hadrian den Soldaten eine doppelte largitio; V. 5, 7.

Unter den Feldherren Traians war vor allen Lusius Quietus zu fürchten, der sich schwierig zeigte, ein ruhm- und siegreicher General[74]. Er war von Geburt ein Mauretanier, kein Römer, Italiker oder romanisierter Provinziale. Er soll nach der Kaiserwürde gestrebt haben. Es ist kein Grund vorhanden, an dieser Nachricht des sachlichen

---

74) Dio LXVIII 32.

Autors zu zweifeln; denn Traian hatte ihn bereits wegen seiner ausgezeichneten Verdienste in den dakischen und in dem parthischen Kriege zum Konsul ernannt[75]) und soll ihn sogar zu seinem Nachfolger ernannt haben[76]) — oder vielmehr mit dem Gedanken gespielt haben, ihn zu seinem Nachfolger zu erheben. So ist es Quietus wohl zuerst gewesen, der als Barbar im eigentlichsten Sinne des Wortes seine Augen zu der Cäsarenwürde erhoben hat. Als Hadrian seinem Adoptivvater auf dem Throne folgte, befand sich dieser Quietus in seiner Heimat Mauretanien, in der Stellung als Statthalter bei seiner allgemeinen Beliebtheit, die natürlich vorzüglich in der Heimat zum Ausdruck gekommen sein wird, doppelt gefährlich. Hadrianus spielte gegen Quietus in der geschicktesten Weise einen anderen Heerführer Traians aus, den gleich berühmten und vortrefflichen Marcius Turbo[77]), der vor Lusius Quietus den nicht zu unterschätzenden Vorzug hatte, von Geburt ein Römer zu sein. Diesem Marcius war es soeben gelungen, einen gefährlichen Aufstand der stets unruhigen Juden zu unterdrücken[78]): er wurde jetzt dazu bestimmt, an Lusius' Stelle die Statthalterschaft von Mauretania zu übernehmen, wo neue Wirren ausgebrochen waren. Es ist unzweifelhaft, daß diese Wahl dem Scharfblicke des Kaisers das günstigste Zeugnis ausstellt: als Nachfolger des berühmten Traianischen Feldherrn wurde der noch berühmtere und weitaus vornehmere bestimmt; allein so ist es gelungen, den Gegner Quietus zunächst unschädlich zu machen[79]). Daß dieser sich nicht in die Rolle fand, die Hadrian ihm zugedacht hatte, wird die weitere Entwicklung zeigen[80]).

75) V. 7, 3 „quattuor consulares", also wieder einmal ganz und gar richtig befunden!
76) Nach einer Stelle bei Themistius.   77) Vgl. Dio LXIX 18.'
78) Nach Eusebius Hist. eccles. IV 2 hat diese Erhebung in Kyrene stattgefunden. Daraus erhellt für uns wieder in überraschender Weise die absolute Exaktheit des Ausdruckes des Historikers der Vita 5, 2: „Libya denique ac Palaestina rebelles animos efferebant"; warum diese Zusammenstellung? Weil in beiden Fällen es Juden gewesen sind, die die Träger der Rebellion waren. Vgl. noch Dio LXVIII 32. Danach hat auch besonders sich Lusius Quietus gegen die Juden Lorbeeren erworben.
79) Perino De fontibus vitarum Hadriani et Septimii Severi imperatorum ab Aelio Spartiano conscriptarum, Friburgi Brisigavorum 1880 S. 6 hat, wie so oft, die Vita glänzend mißverstanden, wenn er schreibt: „denique nimirum ut offensionem quamvis evitet, hic fautor praeclarus Hadriani simpliciter scribit „Lusium Quietum exarmavit"; sane prorsus exarmavit, cum eum, ut VII 1—2 legimus, necavit". (Von mir unterstrichen.) 7, 1—2 steht auf einem ganz anderen Brette.   80) Siehe unten S. 47 ff.

Wie aus dem chronologischen Bestande der Vita hervorgeht, ist Turbo gleich in den ersten Tagen der neuen Regierung, in denen Hadrian eine geradezu großartige Geschäftigkeit zeigte[81]), nach Mauretania abgegangen, vermutlich noch um die Mitte August 117. Erst nachdem Turbo seine Instruktionen empfangen hatte, hielt es Hadrian für geraten, Antiocheia zu verlassen, um den sterblichen Überresten Traians, welche Attianus, Plotina und Matidius überbrachten, die ihnen gebührende Ehre zu erweisen. Hierauf sandte er sie nach Rom, von wo aus wissen wir nicht. Nach dem Wortlaute der Vita jedenfalls nicht von Selinus aus, sondern von einer der zahlreichen Städte, die zwischen diesem Todesort Traians und der syrischen Kapitale lagen, mag man an Seleucia, mag man an Tarsus denken. Sodann ist Hadrian nach Antiocheia zurückgekehrt; wir befinden uns wahrscheinlich in dem letzten Drittel des Monats August.

Der Kürze halber wollen wir nunmehr keine eingehende historische Auseinandersetzung des Inhaltes von c. 6, 1—5 geben, sondern nur versuchen, ob wir aus diesem Abschnitte chronologisch einige Anhaltspunkte gewinnen können. Man sieht aus der Vita noch deutlich, daß Hadrian jeden Anstoß bei dem Senate, dem Volke und selbst bei den Provinzialen sorgfältig zu vermeiden suchte, da er von einem jeden das Äußerste befürchten konnte. V. 6, 3 stehen wir bei dem zweiten (Antwort-)Schreiben des Kaisers an den Senat. Antiocheia ist von Rom auf dem Seewege ca. 2500 km entfernt. Angenommen, das kaiserliche Depeschenschiff legte im Gesamtdurchschnitt täglich 250 km zurück, so brauchte es für Hin- und Rückfahrt etwa 3 Wochen. Lange hat es selbstverständlich sich in Rom nicht aufzuhalten brauchen, da der Senat sich auch in diesem Falle, wie die Vita noch deutlich genug erkennen läßt, beeilt hat, in seiner bekannten Deferenz die Wünsche des Herrschers zu erfüllen bez. über sie hinauszugehen. Kurz und gut, in dem Zeitraum von einem Monat kann und wird die Antwort des Senats in Antiocheia eingetroffen sein; V. 6, 3 fällt mithin Ende September 117, die kaiserliche Entgegnung und der Erlaß des Krongoldes in dieselbe Zeit, spätestens um den 1. Oktober. Damals ist auch in der syrischen Metropole die Nachricht von der Erhebung der Sarmaten und Roxolanen ein-

---

81) Vgl. V. 5, 5—10. So großartig, daß sie manchen Modernen nicht hat in den Kopf gehen wollen und deswegen dieser Passus insgesamt oder teilweise hat chronologisch verschoben sein müssen. In Wirklichkeit tat Eile „sub primis imperii diebus" not, und Hadrian hat geeilt, gleichwohl nichts, wie dargelegt, übereilt.

getroffen. Hadrian sandte das Heer voraus, Anfang Oktober 117, traf in Syrien noch letzte Anordnungen und stellte an die Spitze der Provinz den Catilius Severus. Selbst ist der Kaiser um den 1. November in Eilmärschen nach dem Kriegsschauplatze aufgebrochen; denn am 12. November befand er sich in dem bithynischen Julianopolis, und schon Ende des Monats wird er in Moesia eingetroffen sein: wie man sieht, hat Hadrian mit einer geradezu bewunderungswerten Schnelligkeit alles Notwendige geplant und ausgeführt. Zwischen dem 10. Dezember 117 und Neujahr 118 ist der Kaiser in Sarmizegetusa gewesen, wie die Inschrift CIL III 1445 andererseits beweist[82]). Es ist leider nicht mehr möglich, auch nur annähernd die kriegerischen Vorgänge zu bestimmen, die sich an der Donau abgespielt haben. 6, 7 berichtet einzig die Berufung des Marcius Turbo aus Mauretania, wo er seine Aufgabe glücklich gelöst hatte[83]). Das wird in der ersten Hälfte von 118 der Fall gewesen sein, ehestens wohl zum Frühjahr; denn die Ankunft Hadrians in Rom fällt erst, wie mit ziemlicher Sicherheit aus den Arvalakten hervorgeht[84]), auf den 7. oder 8. August 118, und der Kaiser war durch das Komplott des Nigrinus gezwungen, seine Reise dahin auf das schnellste zu unternehmen. Ende Juli 118 hat Hadrianus den bewährten Turbo an die Spitze von Dakien gestellt, nachdem er zeitweise vorher auch in

---

82) Vgl. Dürr a. a. O. S. 15 ff. Es ist zu beachten, wie Dürr auf Grund seiner sorgfältigen Untersuchungen, die von ganz anderen Gesichtspunkten als die von mir aufgestellten ausgehen, auf dasselbe chronologische Resultat kommt, zu dem eine genaue Interpretation der sachlichen Epitome führen müssen. Doch können auch wir nicht mehr sicher entscheiden, ob Hadrian von Antiocheia aus sich einmal nach Palästina und Ägypten begeben hat; denn zwischen V. 6, 5 u. 6, 6 kann möglicherweise eine Lücke klaffen, die entweder durch die außerordentliche Kürzung des Spartianus, die 6, 6—8 ja deutlich genug zeigt, oder durch den ungeduldig gewordenen Schlußredaktor verschuldet ist. Der sachliche Autor hat unter allen Umständen, wenn ein Besuch in Ägypten wirklich erfolgt ist, denselben erwähnt; vgl. meine „Beiträge" S. 97: „Es muß folglich dem sachlich-historischen Bestande der Viten . . . ein . . . Gewährsmann zu Grunde liegen, der mit der Geschichte von Alexandreia in auffallendem Maße vertraut war und event. auch über besondere geographische Kenntnisse und Interessen in diesen Gegenden verfügte". — Daß Dürr mit seiner Heranziehung des bithynischen Iuliopolis recht hat, erscheint mir kaum zu bezweifeln. Es ist ein geradezu unersetzlicher Verlust für uns, daß das sachliche Exzerpt der Vita an dieser Stelle fast ganz versagt.

83) Vgl. auch unten.

84) Vgl. Dürr a. a. O. S. 21 ff., dessen Ausführungen ich vollkommen beistimmen muß; siehe auch Schiller a. a. O. I 2, S. 616.

Pannonien kommandiert hatte, unter dem Titel einer ägyptischen Präfektur, damit er das größtmögliche Ansehen habe (V. 7, 3)[85]). Vorher schloß Hadrian mit dem Roxolanenkönig Frieden; wahrscheinlich bereits unter dem Drucke ungünstiger Nachrichten aus Rom scheint er ihm bedeutende Jahresgelder zugestanden zu haben[86]). Wieder hat die innere Politik, wenn auch diesmal nicht verhängnisvoll wie unter Augustus-Tiberius, so doch störend in den Gang der großen Reichspolitik eingegriffen[87]).

## III

### Kaiser Hadrians Übernahme des Imperium in Rom und sein erster Aufenthalt in der Stadt

C. 7, 3—9, 9 behandelt die Vita des Kaisers Regierungsübernahme in Rom und seine Tätigkeit während seines ersten Aufenthaltes als Herrscher in der Stadt.

Zunächst ist klar ersichtlich, daß wir uns noch inmitten des sachlich-historischen Bestandes befinden:

c. 7 § 3b praesens — iam — se absente;
(§ 4 quoque;)
§ 12 per sex dies continuos — natali suo;
c. 8 § 3 saepe;
(§ 4 tertio consules — ter — secundi consulatus honore;)
§ 5 tertium consulatum — quattuor mensibus tantum — saepe;
§ 6 semper;
§ 9 tunc;
§ 10 denique;
§ 11 semper — tertium consulatum — bis ante Hadrianum.

Man bemerke sogleich, daß in beiden Kapiteln von einer eigentlich streng chronologischen Ordnung der Natur der mitgeteilten Dinge

---

85) Aus der fast bis zum Unverständlichen gekürzten Notiz der Vita 6, 7 leuchtet noch die Schaffung eines großen einheitlichen Kommandos für Turbo heraus; vgl. CIL III 1462. — Sollte nach „Mauretaniam" das Wort „Aegyptiacae" (cf. 7, 3) fehlen?

86) Die beiden Inschriften zu Pola CIL V 32 u. 33, die Dürr a. a. O. S. 19, Anm. 59 heranzieht, möchte ich nicht mit in diesen Zusammenhang bringen.

87) Über die Verschwörung des Nigrinus und der Seinen siehe ausführlich unten S. 47 ff.

Kap. III: Übernahme des Imperium in Rom

entsprechend nicht die Rede ist und sein kann; gleichwohl tritt im allgemeinen noch die Vorliebe für derartige zeitliche Verbindungen hervor. Im einzelnen gehörte 8, 5 logisch besser vor 8, 4, wohl lediglich ein Lapsus des Epitomators, im übrigen historisch tadellos korrekt; vorher die 'ludi natalicii' vom Januar 119, nun das dritte Konsulat desselben Jahres, 4 Monate hindurch fortgeführt. Wir stehen in c. 8 in der Zeit von 119—121: aus 8, 6 erhellt indirekt, daß das Ganze einen Überblick über die innere Regierungstätigkeit des Kaisers vor seiner ersten großen Reise abgeben soll, der eben in so weit chronologisch angeordnet worden ist, als sich das bei einem derartigen Stoffe ungezwungen machen ließ[88]).

Ich übergehe 9, 1—6 bis zu den Worten „quibus debebat imperium". In dem Folgenden ist der Aufenthalt in 'Campania' dem in 'Roma' gegenübergestellt, sodann findet sich

§ 7 bis ac ter die — semper;
§ 8 denique.

In den ausgeschiedenen Paragraphen treten auch einige anscheinend chronologische Verbindungen auf, so besonders gleich die Einleitung des gesamten Abschnittes 9, 1 „inter haec". Zunächst paßt dies „inzwischen" nur sehr schlecht zu dem in den vorhergehenden Kapiteln Erwähnten[89]), weiter ist die Bemerkung, die auf diese Weise eingeführt wird, direkt unsinnig; denn sie will uns glauben machen, Hadrian habe erst jetzt, das wäre also von Rom aus, „viele" von seinem Vorgänger eroberte Provinzen aufgegeben, endlich ist die Verbindung dieser „relictio" mit der „destructio theatri" für gewisse römische Anschauungskreise geradezu typisch. Die Aufgabe der Traianischen Erwerbungen ist bekanntermaßen von dem sachlichen Autor schon 5, 1—4 zeitlich an richtiger Stelle dargelegt und verteidigt worden[90]); c. 9, 1—2 trägt den Stempel einer unpassenden Dublette auf das deutlichste an der Stirne, einer Dublette, die biographischem Material entstammt, da sie in einem Tone gehalten ist, der in voll-

---

88) Deswegen habe ich auch seinerzeit in meinen „Beiträgen" den auf den unbekannten guten Gewährsmann der Viten zurückführenden Teil nicht wie Heer a. a. O. den „chronologischen", sondern den „sachlich-historischen Bestand" genannt; denn die chronologische Anordnung ist seinem Autor an und für sich, wie man z. B. soeben hier sehen kann, nie Selbstzweck gewesen, sondern nur das als richtig erkannte Mittel zu dem Zweck, sachlich-historisch zu schreiben; und das von Rechts wegen.

89) Vgl. oben. Wahrscheinlich ist es lediglich der ungeschickte Versuch des Epitomators, einmal die sachliche Hauptvorlage zu kopieren.

90) Siehe oben S. 28; 33.

endetstem Widerspruche zu der sachlichen Auffassung steht. Hierbei ist besonders interessant die naive Zusammenstellung: „multas provincias ... reliquit[91]) et theatrum ... destruxit" 9, 1 und darauf die Zusammenfassung 9, 2. Wir greifen es förmlich mit Händen, daß die Quelle, die an dieser Stelle der Vita fließt, spezifisch stadtrömisch ist, daß sie von dem bekannten liebenswürdigen Standpunkt aus schreibt, auf dem letzthin doch auch Tacitus beharrt hat, dem die minutiöse Erfüllung von 'panis et circenses' in der Urbs wichtiger war als die Not von Millionen von Provinzialen, und der hier in der lächerlichsten Selbstüberhebung die Aufgabe von Reichsgebieten mit hunderttausenden von Quadratkilometern[92]) der Niederlegung eines städtischen Theaters gleichsetzt, das lediglich zur Vergnügung des eigenen kleinen Ichs bestimmt war. Das „simulabat" 9, 2 zeigt weiter die biographische Kehrseite der Medaille. Zu dem Ausdruck „tristiora" 9, 2 vgl. den sachlichen Gewährsmann 7, 3 „ad refellendam tristissimam de se opinionem"; danach scheint dies Eigenschaftswort 'tristis' in irgend welcher uns natürlich nicht mehr faßbarer Weise in jenen Tagen eine Rolle gespielt und der Autor mit Bezug darauf auf dasselbe zurückgegriffen zu haben.

9, 3 haben wir die biographische Parallelerzählung zu dem sachlichen Bericht 8, 7, und zwar in einer so eklatanten und bezeichnenden Weise, daß es wohl verlohnt, genauer die zwischen beiden Darstellungen herrschenden Diskrepanzen an dieser Stelle auszuführen:

| Sachlicher Bericht V. 8, 7. | Biographischer Bericht V. 9, 3f. |
|---|---|
| Zusammenhang: Hadrians tüchtiges und verdienstvolles Wirken in der Hauptstadt. | Zusammenhang: Hadrians 'triste' Herrschaft und seine hassenswerte Heuchelei. |
| „Hadrian hat nur selten Senatoren ernannt und das mit Absicht. Welcher Art diese Absicht war, geht aus seinem Verhalten Attianus gegenüber hervor. Diesen hat der Kaiser zum Senator er- | „Hadrian hat seinen Gardepräfekten und ehemaligen Vormund[93]) Attianus in Stücke hauen lassen wollen, weil er dessen Einfluß nicht mehr ertragen zu können meinte; daß er es nicht getan, hat |

---

[91]) Man beachte, wie vage der Ausdruck „multas provincias"; wahrscheinlich haben über sie überhaupt nur höchst unklare Begriffe in diesen Kreisen geherrscht; gesprochen darüber ist natürlich umsomehr worden nach dem Prinzipe des umgekehrten Verhältnisses zwischen positivem Wissen und Verständnis und — Schreien bei aktuellen Gelegenheiten.

[92]) Schlecht gerechnet 500 000 qkm = Deutschland.

[93]) Vgl. 4, 2, von wo entnommen.

| Sachlicher Bericht V. 8, 7. | Biographischer Bericht V. 9, 3f. |
|---|---|
| hoben, ihn, den schon mit den konsularischen Ehrenzeichen Geschmückten (wie wir wissen [94]), seinen ehemaligen Vormund und väterlichen Freund), den Praef. praet [95]). Damit hat der Herrscher zeigen wollen, daß er nichts Höheres habe, was er an Ehrungen auf jenen noch übertragen könne. Dadurch hat Hadrian naturgemäß die Bedeutung und das Ansehen der hohen Körperschaft außerordentlich gehoben." | allein die Rücksicht darauf verhindert, daß der Vorwurf, 4 Konsulare auf einmal ermordet zu haben, schon schwer genug auf ihm lastete; ... im übrigen pflegte er deren Tod gerade Attians Ratschlägen schuld zu geben. Als Hadrian also den Attian nicht aus der Gardepräfektur entfernen konnte, weil dieser ihn nicht um seine Entlassung anging, richtete er es so ein [96]), daß er selbst darum einkam, und übertrug darauf, sowie Attianus darum gebeten hatte, seine Potestas dem Turbo ..." |

V. 9, 6 „summotis his a praefectura, quibus debebat imperium"[97]) ist die Überleitung des Exzerptors; mit „Campaniam petit" beginnt wieder die sachliche Epitome. Ich weise hierbei gleich darauf hin, daß der Hadrian günstige Ausdruck „sublevavit" 9, 6 in dem weiteren sachlichen Exzerpte 9, 7 und 10, 1 wiederkehrt; ferner daß V. 9, 8 „ad privati hominis modum" einer bekannten typisch sachlich-historischen Anschauung entspricht, welche uns ähnlich V. 5, 1 [98]) entgegengetreten ist, cf. V. Pert. 8, 9; vgl. auch 7, 9 „pro liberorum modo". 8, 9 „erat enim tunc mos" geht wahrscheinlich auf den sachlichen Autor selbst zurück, ohne daß wir diese Annahme direkt beweisen könnten; auf alle Fälle ist der Ausdruck „tunc" vom Exzerptor nicht sehr glücklich gewählt, da es doch eigentlich heißen sollte: „vor Hadrians Anordnung". V. 9, 7 bestätigt Dio c. 7, 4.

Endlich sei noch darauf aufmerksam gemacht, wie ausgezeichnet präzis sich der sachliche Gewährsmann in seiner Darlegung der Regierungsmaßnahmen Hadrians ausdrückt und wie noch aus der mangelhaften Epitome Spartians hervorgeht, welch klare Einsicht in die Zu-

---

94) V. 1, 4; 4, 2.
95) Hiermit war freilich Attianus seines Amtes entsetzt; vgl. V. Pert. 2, 9!
96) „id egit ut" homolog 9, 2 „simulabat".
97) Tatsächlich übrigens falsch! Inwiefern hat denn Hadrian dem Similis die Herrschaft verdankt? Von Turbo ließe sich das ebenfalls in Anbetracht seiner Treuebewährung (V. 5, 8) noch sagen.
98) Vgl. S. 28.

sammenhänge der inneren Geschichte auch der Zeit Hadrians ihm von seiner hohen Begabung vergönnt gewesen ist:

7, 3: Treffende Gegenüberstellung der beiden Geschenke an das Volk „praesens ... se absente"[99]), Begründung derselben „ad comprimendam de se famam"[100]);

7, 5 Begründung „ne magistratus hoc onere gravarentur"[101]);

7, 6 Begründung „ad colligendam ... gratiam" sowie „quo magis securitas omnibus roboraretur"; das

7, 7—12 Mitgeteilte ist der Absicht des „gratiam colligere" (7, 6) untergeordnet und führt die Worte „nihil praetermittens" (ebd.) des näheren aus; man beobachte auch hier die Vorliebe für Gleichartigkeit des Ausdruckes:

7, 10 „ad honores explendos";

7, 11 „ad sustentandam vitam".

C. 8, 1—5 behandelt einige wichtige Züge der spezifisch inneren und stadtrömischen Regierungstätigkeit des Kaisers; historisch wichtig ist besonders 8, 1 die Bildung des geheimen Staatsrates und das schöne, unbedingt authentische Wort 8, 3. An letzterer Stelle entspricht das „saepe dixit" 5, 3 „ut dicebat" und unserer S. 28 dazu geäußerten Meinung. 8, 6—10 bespricht die Ehrungen, die der Herrscher dem Prinzipe der Dyarchie zufolge[102]) dem Senate erwiesen hat, in einer Weise, die es fast zur Gewißheit macht, daß der Verfasser selbst Senator gewesen ist. Wie aus einem Guß steht der Schluß von c. 8 da: „non petenti ac sine precatione" (vgl. V. Iul. 2, 3: „sed non ea fama qua ceteras" gleich scharf und treffend); kurz und gut: nirgends im sachlich-historischen Bestand Meinungen und Gefühle, nirgends Unklarheiten oder gar Phrasen, sondern überall Tatsachen und deren treffende Begründung.

---

99) 7, 3 „congiarium duplex ... populo dedit", cf. 5, 7: „militibus ... duplicem largitionem dedit".

100) 5, 7 fehlt ebenso nicht die Angabe des Grundes: „ob auspicia imperii". 7, 3a Begründung der eiligen Rückkehr nach Rom: „ad refellendam tristissimam de se opinionem"; opinionem = famam hier. — Vgl. im übrigen zu diesem Teile der Vita Dio LXIX c. 8.

101) Vgl. V. Sev. 14, 2; wozu meine „Beiträge" S. 61, Anm. 86.

102) Ich möchte gewiß in dem, was ich dem staatsmännischen Blicke des Autors zutraue, in keiner Hinsicht zu weit gehen; aber ich habe bisher keine Stelle gefunden, wo er etwa für eine Deferenz des Kaisers gegen den Senat oder umgekehrt eintritt; was aus seinen Ausführungen als das richtige hervorgeht, ist die Gleichberechtigung beider Gewalten; aber ist nicht gerade das das eigentliche Prinzip der Dyarchie?

Noch einige Bemerkungen über die vier Erwähnungen der Autobiographie des Kaisers Hadrianus in dem sachlichen Bestande der Vita c. 1—9: 1, 1; 3, 3; 3, 5 und 7, 2; außerdem ist zum Vergleiche 5, 3 heranzuziehen. 1, 1 wird folgerichtig, weil hier zuerst davon die Rede ist, der Titel des kaiserlichen Werkes zitiert: „in libris vitae suae Hadrianus"; die Heranziehung desselben erfolgt zum Belege für die doppelte Abstammung Hadrians, der „vetustior a Picentibus" und der „posterior ab Hispaniensibus", im Grunde also dafür, daß dieser Kaiser ursprünglich auch Italiker, nicht Provinziale, gewesen sei[103]). 3, 3 heißt es nur mehr „se dicit"; die Autobiographie wird zur näheren Ausführung des „familiarius" 3, 3 benutzt, doch so, daß sie nur die Erläuterung, nicht die Begründung desselben bildet, die ihrerseits bei der in logischer Folge sich steigernden Tendens der Vorgeschichte des Herrschers[104]) gar nicht benötigt ist. 3, 5 wird zuerst das Faktum des Volkstribunats angegeben, dann gleichermaßen als Anhang nach der Autobiographie das Omen erzählt: „adserit" legt gewiß nahe, daß auch die Notierung des Tribunats aus der Schrift Hadrians entnommen ist, aber ist damit gesagt, daß die gesamte Vorgeschichte der Vita auf sie zurückgeht? Wo sollte denn die exakte Angabe des Volkstribunates des späteren Kaisers sich besser gefunden haben als eben in der Autobiographie, die naturgemäß in derartigen Dingen mit der peinlichsten Genauigkeit verfahren haben wird, — man denke nur einmal an das Monumentum Ancyranum! Daher ist sie auch von hier entnommen. Dagegen kann 5, 3 „ut dicebat"[105]) nicht auf der Autobiographie fußen, ein Beweis dafür, daß die apologetische Zusammenstellung und Einleitung 5, 1—4 nicht in allen Teilen, wahrscheinlich überhaupt in keinem auf sie zurückführt. Jetzt aber 7, 2 „ut ipse in vita sua dicit"; das bezieht sich sicher nur auf „senatu iubente, invito Hadriano", vgl. 5, 6 „iniusso eius", nicht auch auf das unmittelbar Vorhergehende; denn ist es anzunehmen oder vielmehr ist es denkbar, daß in der Autobiographie des Herrschers so genau die einzelnen Orte, an denen die vier Konsularen getötet wurden, mitgeteilt worden sind? Mithin ist die Autobiographie allein zur Ergänzung des eigenen Berichtes herangezogen worden, aber nicht die alleinige oder auch nur die Hauptquelle des Berichteten. Ich formuliere also meinen Schluß, von dem ich hervorhebe, daß er nur auf einen hohen Grad von Wahrscheinlichkeit für seinen ersten allgemeinen Teil Anspruch macht, endlich auch in Anbetracht dessen,

---

103) Vgl. S. 17.  104) Vgl. S. 13 f.  105) Vgl. S. 28.

daß die Autobiographie in dem weiteren Verlaufe der sachlichen Lebensbeschreibung Hadrians nirgends mehr über Spartianus zitiert wird, dahin, daß Hadrians Autobiographie von dem Historiker der Vita zur Ergänzung im Faktischen, namentlich in der Vorgeschichte des Kaisers und in der Darstellung seiner ersten Regierungszeit bis zum Beginne der Reise des öfteren [106] herangezogen worden ist, daß sie aber nicht die Quelle seines Berichtes darstellt und daß im speziellen die Tendenz von 5, 1—4, sowie die von c. 7, 8 und 9, 6b—9 sicher nicht, die von c. 1—4, 7 vermutlich nicht ihr entnommen ist, sondern auf die eigene freie und vorurteilslose Überzeugung des Autors zurückgeht. —

Bevor wir uns dem eigentlich historischen Teile dieser Untersuchungen zuwenden, möchte der Vollständigkeit halber an diesem Orte im Zusammenhang der Nachrichten Erwähnung getan werden, welche uns durch die sog. kleinen späteren Autoren Aurelius Victor, den Verfasser der Epitome, Eutropius und Orosius (adversus paganos) über die Vorgeschichte des Kaisers und seine Herrschaft bis zu dem Antritte der Reisen erhalten sind.

Aurelius Victor De Caesaribus c. 13, 10 berichtet zunächst in Übereinstimmung mit den sachlichen Mitteilungen der Vita: „adscito prius ad imperium Hadriano cive propinquoque"; doch ist ihm im Folgenden am Schluß von c. 13 auch die biographische Tradition von dem 'Plotinae favor' in ähnlichem Sinne wie V. 4, 10 nicht unbekannt. C. 14 betont die wissenschaftlichen Neigungen des Kaisers und seine Friedensliebe, spricht in vager und allgemeiner Weise „pace ad Orientem composita Romam regreditur" und hebt die friedliche Betätigung Hadrians in der Stadt in einer für den braven Victor sehr kennzeichnenden Weise hervor [107], historisch läßt sich aus diesem Kapitel so gut wie nichts gewinnen.

Weitaus beachtenswerter ist die Epitome c. 14. § 1 kennt die 'stirps Italica' des Kaisers, das Verwandtschaftsverhältnis mit Traian und die Abstammung aus Adria, „quod oppidum agri Piceni etiam mari Adriatico nomen dedit"; der Vergleich mit V. 1, 1—2 ergibt mit Gewißheit, daß die Vita der Epitome vorgelegen hat [108], und

---

[106] Wie oft läßt sich nicht mehr sagen; denn Spartianus kann leichtlich einige Erwähnungen der Autobiographie weggelassen haben.

[107] Wobei die naive Zusammenfassung „Graecorum more seu Pompilii Numae" auf uns einen unwillkürlich erheiternden Eindruck macht.

[108] Vgl. meine „Beiträge" S. 18. Das dortige „wahrscheinlich" ist nunmehr zu einem „gewiß" geworden.

zwar deren sachliches Exzerpt bereits in der Form, die auch uns überkommen ist, wie aus einem weiteren Vergleich von c. 14, 2 mit V. 1, 5 deutlich zu zeigen ist:

| Epitome c. 14, 2: | Vita c. 1, 5: |
|---|---|
| „hic Graecis litteris impensius eruditus a plerisque Graeculus appellatus est". | „imbutusque impensius Graecis studiis ingenio eius sic ad ea declinante ut a nonnullis Graeculus diceretur" [109]). |

Eutropius VIII c. 6, 1 steht ganz im Banne der biographischen Überlieferung; „sine aliqua quidem voluntate Traiani" sei Hadrianus zum Kaiser erwählt worden, „sed operam dante Plotina...". Das wird sodann noch weiter ausgeführt: „nam eum Traianus quamquam consobrinae suae filium vivus noluerat adoptare". Als Geburtsstadt des nachmaligen Kaisers wird irrtümlich Italica in Spanien genannt: das ist die Heimat Hadrians und seiner Familie gewesen, geboren ist der Herrscher zu Rom (V. 1, 3)[110]). C. 6, 2 geht es durchaus biographisch weiter: Hadrian gibt 'statim' aus Neid seines Vorgängers Eroberungen auf; doch sind Eutropius wenigstens die Namen dieser drei Provinzen richtig bekannt und die Absicht, „finem imperii esse ... Euphraten". Was nun kommt, ist höchst anfechtbar; denn die Absicht Hadrians, auch auf Dakien Verzicht zu leisten, von der er nur durch seine Freunde aus den und den Gründen abgeschreckt worden sei, ist vollkommen unhistorisch[111]) und gehört in den gleichen Rahmen biographischer Entstellung wie die Tendenz des Vorhergehenden. C. 7, 1 erkennt notgedrungen die Tatsache des Friedensregimentes dieses Fürsten an; 7, 2 weiß Bescheid über die Gewandtheit desselben in der lateinischen wie in der griechischen Sprache.

Orosius Adversus paganos VII c. 12, 8 glaubt den Todesort Traians mit Seleucia und die Todesart mit profluvio ventris zu kennen, irrt aber wahrscheinlich wie in Punkt eins, so auch in zwei. Dafür heißt es allerdings nur „ut quidam ferunt". C. 13, 1 ist Hadrian der „consobrinae Traiani filius" (gleich Eutropius VIII c. 6, 1!). Der Sarmatenkrieg und -sieg ist 13, 3 erwähnt; das übrige Kapitel erfüllt die christliche Überlieferung über Hadrian als den Christenkaiser. —

---

109) Über Suras Freundschaft zu Traian (vgl. V. 2, 10 u. 3, 10 f.); vgl. noch **Epitome c. 13, 6 u. Victor, De Caesaribus c. 13, 8.** Siehe auch oben S. 8 u. 17.

110) Siehe S. 17.

111) Siehe S. 34 f., Anm. 73. **Dakien, die natürliche Vorburg der römischen Herrschaft über die Donau!**

Wir haben den Kaiser Hadrianus in dem Augenblicke verlassen, als ihm an der Donau Verlust von Reich und Leben drohte und er gezwungen war, in der äußersten Eile nach der gefährdeten Hauptstadt aufzubrechen. Hier ist er am 7. oder 8. August des Jahres 118 angekommen[112]); das Komplott, das ihm den Untergang bereiten sollte, fällt mithin in das Ende des Juli 118. Zu der Vorgeschichte des Dramas läßt sich bereits V. 3, 10 und 4, 8 vergleichen[113]), wonach Palma und Celsus schon längst vor der Adoption Hadrians wahrscheinlich sogar bereits zur Zeit seines ersten Konsulates und vor demselben, das wäre vor 108, gegen Hadrian intrigiert haben, jedenfalls auch zu der Zeit des alten Kaisers nicht immer zuverlässig waren, wenngleich von mir das „in suspicionem adfectatae tyrannidis lapsis" V. 4, 4 keineswegs urgiert werden soll.

Über die Verschwörung selbst berichtet Dio Cassius LXIX c. 2, 5 und Vita c. 7, 1—2. Des Dio-Xiphilinus Notiz nennt wohl in Übereinstimmung mit der Vita die Namen der Verschwörer, zufällig sogar in derselben Reihenfolge wie die Vita, läßt im weiteren aber die ganze Sache, besonders was ihre tatsächliche Gefährlichkeit anlangt, so gut wie unentschieden und redet vage von einem Anschlage $\dot{\varepsilon}\nu\ \vartheta\dot{\eta}\varrho\alpha$[114]), dem die Vita einen solchen bei einem Opfer 7, 1 gegenüberstellt. Nach dem sachlichen Gewährsmann hat die ganze Angelegenheit überhaupt schlimm genug ausgesehen; es lohnt sich, an der Hand seines Exzerptes die Dinge einmal zu untersuchen.

Unzweifelhaft ist die Verschwörung gegen Hadrian seit langem vorbereitet und bis ins einzelnste überlegt gewesen. Wir werden kaum fehl gehen, wenn wir ihre Entstehung in die Zeit nach der Entsetzung des Lusius Quietus von seinem mauretanischen Kommando verlegen, das wäre also noch in den Herbst des Jahres 117. Den Anschlag auf die Person des Herrschers einzuleiten und auszuführen, scheint sich Nigrinus vorbehalten zu haben. Hadrian seinerseits muß gehofft haben, diesen Mann sich durch die Aussicht auf die Nachfolge zu gewinnen, wenn wir auch keineswegs dazu berechtigt sind, anzunehmen, daß er bereits feste und bindende Maßnahmen in dieser Hinsicht getroffen habe, für die uns außerdem jede Überlieferung fehlt. Hadrian hat in diesem Falle wohl ähnlich wie dereinst gegen Lusius seine ganze überlegene Diplomatie aufgeboten[115]), eine Katastrophe zu ver-

---

112) Vgl. oben S. 38 f.     113) Vgl. S. 24.
114) Vgl. S. 33. Eine geringe Wiederholung ist im Texte nicht zu vermeiden gewesen.
115) Vgl. S. 35 ff.

hüten bez. bis auf einen ungefährlicheren Zeitpunkt zu verschieben. Nichtsdestoweniger ist der Kaiser von dem Ausbruche der Verschwörung überrascht worden, doch nicht in dem Maße, daß sie ihm tatsächlich verhängnisvoll geworden wäre. Denn Hadrians gesunder staatsmännischer Sinn hat ihm höchst wahrscheinlich gleich bei dem Antritte seiner Herrschaft gesagt, daß es ohne einen Strauß mit seinen alten Gegnern und ihren Anhängern niemals abgehen würde, und er hat gewiß danach seine Maßnahmen getroffen[116]). Jeder, der V. 7, 2 die Angabe der einzelnen Orte liest, an denen die irdische Gerechtigkeit die Verschwörer ereilte, wird wohl unwillkürlich das Gefühl haben, daß hinter diesen wenigen trocknen Worten mehr steckt, vielleicht die Lösung der ganzen Frage; — sehr merkwürdig ist jedenfalls, wie die Verschworenen an diese Orte gekommen sind. Nichts gibt darüber direkt Auskunft. Der erste Gedanke sagt: 'Auf der Flucht von Rom'; der zweite wird diese Annahme sogleich verwerfen. Denn nach V. 7, 1 hat sich Nigrinus an der Donau befunden in der Umgebung des Kaisers, dort hat er das Attentat selbst unternommen oder durch die Seinen unternehmen lassen; als es mißglückte, ist er geflohen. Das erhellt alles unzweideutig aus der Vita. Wohin aber hat sich Nigrinus gewandt? Höchst auffallenderweise nicht nach der Reichsgrenze oder nach irgend einem versteckten Winkel des Reiches, sondern nach Italien, in der Richtung nach Rom! Auf diesem Wege sind ihm die Eilboten des Herrschers nachgefolgt, und die kaiserlichen Häscher haben ihn zu Faventia in Oberitalien ergriffen und kurzerhand getötet. Faventia liegt in der Cispadana an dem Kreuzungspunkt zweier wichtiger Straßen, der von Ravenna nach Arretium und weiter nach Rom und der Via Aemilia, die bekanntlich über Bononia nach Ariminum führt. Faventia liegt also direkt auf der Route von Pannonien nach der Kapitale, mag man auf dem Landwege über Aquileia, Patavium, Bononia und durch Umbrien reisen oder die Seefahrt von Istrien nach Ravenna und den Landweg durch Etrurien aus irgend einem Grunde vorziehen. Celsus ist in Baiae,

---

116) Schiller a. a. O. I 2, S. 616 sagt hierzu folgendes: „Die Entdeckung der Verschwörung hat wohl mit zu der Verdüsterung und Verbitterung des Kaisers beigetragen, da sie ihm den Beweis lieferte, daß auch die besten und selbstlosesten Bestrebungen auf den Dank der höheren Kreise nicht zu rechnen hatten". Das liest sich so weit ganz gut, ist aber doch nichts als in dem ersten Teil eine völlig haltlose Hypothese und in dem subordinierten Satze eine gänzliche Verkennung des Hadrianischen Charakters oder eine Phrase. So naiv ist der 42jährige Mann Hadrian sicherlich nicht gewesen.

Palma in Tarracina getötet worden, von Lusius heißt es leider nur ganz unbestimmt „in itinere". Baiae liegt an der Via Domitiana, die vom Portus Misenus nach Sinuessa und Rom geht, Tarracina an der Via Appia bereits im Volskergebiet, kaum mehr als 90 km gleich 6—7 Stunden schärfster Fahrt von der Metropole entfernt[117]). Demzufolge liegt der Schluß sehr nahe, daß auch der Weg dieser Drei nach Rom gerichtet gewesen ist, ein Schluß, der an Wahrscheinlichkeit durch das gewinnt, was V. 7, 3—4 berichtet. Die Stadt, d. h. Senat, Volk und Garde ist in dieser Zeit in äußerstem Maße unzuverlässig gewesen[118]), so daß auf deren Abfall die Hoffnung aller Neuerer naturgemäß sich richten mußte. Daher haben die Verschworenen, als ihr Anschlag mißlang, alles auf eine Karte setzend sich nach Rom gewandt. Hadrians Organe sind ihnen zuvorgekommen. Möglicherweise ist ihr Eifer auch weiter gegangen, als der Kaiser selbst wollte. Daß der Tod der 4 Konsularen „senatu iubente" erfolgt sei (V. 7, 2), will für die Loyalität dieser Körperschaft gar nichts besagen: der Senat hat in jenen Jahrhunderten noch immer heute dem Hosianna gerufen, dem er morgen ein Kreuziget zuschrie und ebenso umgekehrt. Im übrigen hat Hadrian in der Folgezeit ganz besonders auch den Senat für sich zu gewinnen gesucht (V. 8, 5 ff.!). Kurz, Hadrian hat während seines ersten Aufenthaltes in Rom, so viel geht mit Sicherheit aus der Vita hervor, die größte Selbstverleugnung fast in jeder Beziehung üben müssen — ich rechne hierher auch sein Verhalten dem einflußreichen Servianus gegenüber —; er hat seine persönlichen Antipathien und Sympathien zurückgedrängt, hat sich in vielem nach dem gerichtet, was man gemeinhin von einem 'guten Kaiser' verlangte, und die eigene kräftige Persönlichkeit immer und immer wieder in sich verschließen müssen. Das wird ihm schwer genug gefallen sein, und wenn irgend etwas, so hat das im Verein mit unerquicklichen Familienverhältnissen den Grund zu der späteren Verbitterung und Umdüsterung seines Geistes gelegt. Vielleicht kommt noch hinzu, daß Hadrian wirklich in Nigrinus den geeigneten Nachfolger zu finden geglaubt hat und von ihm in bitterer Weise enttäuscht worden ist; denn es ist auffallend, daß der Princeps 18 Jahre später eben den Schwiegersohn des Nigrinus an Kindesstatt angenommen hat; ist Hadrian damit etwa auf seine anfänglichen Pläne wieder zurückgekommen? (V. 23, 10!)

---

117) Faventia-Arretium-Rom ca. 300 km; Baiae-Rom 200 km.
118) Vgl. V. 5, 5 das über Baebius Macer praef. urbis Gesagte; oben S. 35.

Bei alledem hat Hadrians seltener staatsmännischer Genius in seiner wundervollen Produktivität bereits in diesen Jahren die Grundlage der außerordentlichen Reformen geschaffen, die unter und nach ihm das römische Staatswesen und dessen Verwaltung aus- und umgestaltet haben. Der Rahmen dieser Arbeit versagt mir hier auf diese Maßregeln, an die sich die interessantesten Kontroversen knüpfen ließen, einzugehen; auch sie sind zwar nicht vollständig, aber doch in ihren wesentlichen Punkten gut und richtig durch die sachliche Epitome der Vita Spartians überliefert.

# IV

## Hadrians Reisen

Der vierte Abschnitt der Vita Hadriani — bei weitem der wichtigste und der umfangreichste — behandelt die Reisen des Kaisers in c. 10—14,8a (bis zu den Worten „ipse composuisse iactatur"). Ich teile die Untersuchung über dieselben der besseren Übersicht halber in zwei Paragraphen, deren einer c. 10,1—13,3 die erste große Reise des Kaisers, deren anderer c. 13,4—14,8a den Aufenthalt in Rom und die zweite große Reise umfassen soll.

### § 1
### Die erste große Reise des Kaisers

Gleich im Anfang von c. 10 (§ 1) lehrt das Wiederkehren des Ausdruckes „sublevavit", daß wir seinerzeit[119]) recht daran getan haben, 9,6b—9 mit dem in c. 10 Berichteten als derselben Quelle entsprossen zusammenzufassen. Wir haben erwiesen, daß jener letzte Teil von c. 9 vor allem seiner Tendenz und der Wendung 9,8 zufolge auf sachlich-historischer Basis beruht: das gleiche Urteil wird für c. 10 und die drei ersten Paragraphen von c. 11 Geltung haben müssen, vielleicht mit Ausnahme des möglicherweise von späterer Hand zugefügten erklärenden Zusatzes in c. 10, 2 „hoc est larido, caseo et posca" (zu dem Worte 'posca' vgl. noch S. 60). Allerdings können wir eine spezifisch chronologische Anordnung in diesem Abschnitte der Vita nicht zum Beweise unserer Auffassung heranziehen: wie bereits einmal dargelegt[120]), ist eine solche nur dann von dem sachlichen Autor beliebt worden, wenn die Natur der mitgeteilten Dinge sie als die zweck-

---

119) S. 42.   120) S. 39 f.

mäßigste erheischt. Das aber ist gerade hier nicht der Fall gewesen; im Gegenteil, das Thema, das weitaus den größten Teil von c. 10 (§ 2—8) und 11,1 ausfüllt und die Wiederherstellung der **Kriegsübung** und **Kriegszucht** des germanischen Heeres durch den Kaiser und das, was damit in Verbindung gebracht wird, behandelt, schließt an und für sich eine chronologische Verbindungsart aus. Gleichwohl ist an allen den Punkten, wo ein zeitlicher oder sachlicher Fortschritt stattgefunden hat, eine zeitliche Anordnung und sachliche Gegenüberstellung zu bemerken (vgl. auch S. 69!):

 c. 10 § 1 post haec — in Gallias;
   § 2 inde in Germaniam;
 c. 11 § 2 ergo conversis regio more militibus Brittaniam — primus.

Auch sonst schimmert noch die Vorliebe für den Gebrauch zeitlicher Beiwörter durch das Ganze hindurch:

 c. 10 § 3 post Caesarem Octavianum — incuria superiorum principum — nunquam;
   § 5 frequenter;
   § 8 postremo — contra morem veterem — semper;
 c. 11 § 1 (praeterea) — aliquando.

Man ersieht aus der letzten Zusammenstellung zugleich, daß in diesem Abschnitte der Vita einige Ausblicke auf die Vergangenheit gegeben sind, wie sie bekanntlich der sachliche Autor vor allem liebt. (Vgl. z. B. S. 70) Es dürfte noch befremden, daß gerade diese Paragraphen so außergewöhnlich ausführlich von dem Epitomator gehalten sind; auch das erklärt sich auf ungezwungene Weise: „Kriegszucht der Soldaten" und was damit zusammenhängt ist zu allen Zeiten des niedergehenden römischen Reiches ein aktuelles Thema gewesen und daher ist es mit besonderer Vorliebe behandelt worden.

Vielleicht können wir eben aus diesem Stücke noch bis zu einem gewissen Grade erkennen, daß das ursprüngliche Werk unseres sachlich-historischen Autors durchaus nicht kärglich beschaffen war noch in trockener chronologischer Aneinanderreihung den Stoff behandelte, sondern daß es eine wirkliche, ausführliche, lebenswahre und -warme Geschichtschreibung in dem eigentlichen Sinne des Wortes bedeutete. Ich halte es für möglich, in den Hauptpunkten die Disposition des Gewährsmannes Spartians klar zu legen. Es behandelt nämlich

 c. 10,2 die **Übung** des germanischen Heeres zum Zwecke steter
   Kriegsbereitschaft; zu „pacisque magis quam belli cupidus"

vgl. Pausanias V 5, wo des Kaisers Hadrian Inschrift zu Athen in seinem Heiligtum aller Götter erwähnt wird: „καὶ ἐς μὲν πόλεμον οὐδένα ἑκούσιος κατέστη"; vielleicht findet hier eine Berührung bezw. Anlehnung an das offizielle Material statt, nachdem es von unserem Historiker für richtig und gut befunden worden ist [121]). Eine derartige Benutzung offizieller Geschichtschreibung bezw. Berichterstattung zur Ergänzung in tatsächlichen Punkten habe ich in dem vorigen Kapitel dieser Arbeit S. 44 f. bereits einmal nachzuweisen gesucht: sie ist auch sonst nichts so sehr Seltenes; vgl. z. B. Vita Severi 8,16 ff. und dazu meine „Beiträge" S. 39. An letzterem Orte ist der Autor dem offiziellen Bericht des Severus an den Senat, von dem er 9,1 selbst spricht, gefolgt; mit Unrecht; denn dieser Bericht hat aus leicht begreiflichen Gründen (vgl. meine „Beiträge" S. 44, Anm. 57) gefälscht; für die Sache, um die es sich an unserer Stelle der Vita Hadriani handelt, besagt das gar nichts; aber etwas anderes möchte ich aus diesem Analogon folgern, daß nämlich der sachliche Gewährsmann der Vita ganz gewiß ein Senator gewesen ist [122]). Ferner ist noch 10,2 zu bemerken die präzise Gegenüberstellung von „praemiis" und „honoribus", sowie das „iubebat", das doch wohl auf derselben Stufe wie „dicebat" 5,3 cf. 11,3 steht.

c. 10,3 wendet sich der Wiederherstellung bezw. Kräftigung der Kriegszucht durch den Kaiser zu, die „post Caesarem Octavianum" durch die „incuria superiorum principum"[123]) ins Wanken gekommen sei. Treffend werden die zwei Hauptmittel hierzu angegeben „ordinatis officiis et inpendiis"; präzis heißt es „non favor militum, sed iustitia", wobei das „iustitia" des wenig klar gefaßten cum-Satzes ersichtlich mit dem vorhergehenden „iniuste" korrespondiert.

So weit dürfte etwa der allgemeine Teil des Abschnittes reichen; es folgt ein speziellerer, der zunächst Erläuterungen gibt, die 1) die Kriegsübung, 2) die Kriegszucht betreffen und somit ihrerseits die Disposition des ersten Teiles zu wiederholen scheinen. Des Exzerptors Unsicherheit macht sich immer mehr bemerkbar.

---

121) Darüber v. Wilamowitz, Hermes XXI S. 623 ff.
122) Vgl. S. 43.  123) Vgl. S. 51.

c. 10,4/5: Maßregeln gegen die Verweichlichung durch das eigene Beispiel der Erfüllung der vorgeschriebenen Marschleistung in voller Rüstung („armatus") und gegen den eingerissenen Luxus[124]) durch Verbot und Beispiel. Thema: **Kriegsübung!**

e. 10,6/8: Maßnahmen der Menschlichkeit durch Anteilnahme an dem Geschicke der kranken Soldaten (parallel der Bericht über das Verhalten des Kaisers seinen kranken Freunden gegenüber 9,7!) und durch geeignete Wahl des Lagers[125]); Maßnahmen der Gerechtigkeit bei der Ernennung der Unteroffiziere, der Offiziere, Verbot der Annahme von Geschenken für die Tribunen, Beobachtung des vorgeschriebenen Dienstalters des Legionars; das „contra morem veterem" ist in durchaus lobendem Sinne gesagt: die Fassung verrät die Hand, die Tendenz den Kopf des sachlichen Autors[126]). Gemeinsames Thema: **Kriegszucht!**

In diese Disposition läßt sich der zweite Teil von § 7 nicht bringen; „delicata omnia undique summoveret" ist vermutlich lediglich auf das Konto des Exzerptors zu setzen und eine seiner beliebten rückgreifenden Zusammenfassungen; die kurze Erwähnung der Verbesserungen in Bewaffnung und Gerätschaften wird sich in dem sachlichen Urtexte auch wohl besser motiviert ausgenommen haben; der Epitomator führt sie mit „postremo" ein, auf das noch § 8 ein „etiam" und 11,1 ein „praeterea" sehr wenig schön nachfolgt. Man sieht förmlich, wie Spartianus' armer Kopf sich zu verwirren beginnt. Zum Schluß haben wir 11,1 anknüpfend an Hadrians Kenntnis der einzelnen Soldaten

---

124) Die Einzelheiten der Vita sind historisch hochinteressant. — Die reguläre Marschleistung des Legionars betrug 20—24 Milien gleich 30—36 km pro Tag (ungefähr dasselbe, was heutzutage von einem Infanteristen verlangt wird). Man sieht also, daß die „vicena milia" nicht willkürlich gewählt sind.

125) „locum castris caperet" ist so kurz gesagt, daß man daran nicht mehr erkennen kann, welchen Sinn es eigentlich hat haben sollen; nach dem Zusammenhange könnte ein „salubrem" fehlen, das hieße, Hadrian sorgte dafür, daß das Lager an einem für den Gemeinen insofern geeigneten Platze aufgeschlagen wurde, als er den sanitären Anforderungen genügen mußte, vor allem in bezug auf gutes Trinkwasser, Leichtigkeit der Beschaffung desselben etc. Denn von allem Mangel ward der gemeine Mann naturgemäß im Felde zuerst betroffen. Vgl. hierzu auch Wilcken im Hermes XXXVII S. 84 ff. — Vgl. ständig Dio LXIX 9—11, worüber zusammenfassend S. 58 ff.

126) Vgl. S. 51. — Der Historiker urteilt richtig: ein Krebsschaden des römischen Heerwesens war das beliebte ungebührlich lange Zurückhalten der ausgedienten Mannschaft bei der Fahne.

und ihrer Anzahl die Notierung des kaiserlichen Strebens nach Informierung über die Kriegsvorräte und Provinzialeinkünfte. Dabei ist die wohlwollende Begründung dieses letzteren zu bemerken. An und für sich sollte man erwarten: Hadrian hat sich deswegen um die Einnahmen der Provinzen so eingehend gekümmert, damit ihm nichts von ihnen verloren ginge; der sachliche Autor aber hebt hervor, Hadrian habe dies getan, „ut si alicubi quippiam deesset, expleret". Wir werden ihm Glauben schenken dürfen; denn unmittelbar darauf faßt er das Leitmotiv des kaiserlichen Strebens dahin: „ante omnes tamen enitebatur, ne quid otiosum vel emeret aliquando vel pasceret"[127]).

In c. 11 scheidet sich bereits der Tendenz nach ungezwungen ein biographischer Bestandteil aus, der mit § 4 einsetzt „et erat curiosus". Es ist deswegen irrig, mit Peter in seiner Ausgabe der SHA hinter § 2 einen Absatz zu machen, da § 3 noch vollkommen zu dem vorhergehenden sachlichen Berichte gehört; vgl. die korrekte Ausdrucksweise „Septicio Claro praefecto praetorii et Suetonio Tranquillo epistularum magistro", „apud Sabinam uxorem", ferner „familiarius se tunc egerant", cf. 3, 2 „familiarius prosecutus est" und „ut ipse dicebat", was der Wendung 5, 3 entspricht, die mit absoluter Gewißheit dem sachlichen Gute zugehört. Sodann deutet die Einführung „et erat curiosus" an, daß wir diesen Einschub nicht Spartian, sondern dem theodosianischen Fälscher zuzuschreiben haben[128]), was durch die Phrase 11, 5 „unde non iniocundum est rem inserere" zur Gewißheit wird, vgl. 12, 4 die Einführung des MM in Verbindung mit dem Worte „ioculariter"[129]), ferner 15, 12 etc. Das zweimalige Vorkommen von „per frumentarios" § 4 und 6 schließt beide Paragraphen weiter zusammen. Die biographischen Charakteristika sind auch wieder in gewohnter Fülle vorhanden:

§ 6 ad quendam;

§ 7 putant — adiungunt — dicitur — adserunt — iungentes.

Analog der Fortführung des sachlichen Exzerptes c. 10, 1, 10, 2 und besonders 11, 2 setzt sich dasselbe c. 12, 1 „compositis in Brittania rebus" fort. Die Momente chronologischer Anordnung sind deutlich erkennbar. Ich hebe dieselben hier bis 13, 3 einschl. hervor:

c. 12 § 1 compositis in Brittania rebus transgressus in Galliam — post multos annos;

§ 2 per idem tempus;

---

127) Vgl. unten S. 59.   128) Vgl. meine „Beiträge" S. 129.
129) Vgl. unten S. 55 f.

c. 12 § 3 post haec — (hiemavit);
§ 4 omnibus Hispanis Tarraconem in conventum vocatis;
§ 5 quo quidem tempore;
§ 6 per eadem tempora et alias frequenter;
§ 8 per idem tempus;
c. 13 § 1 post haec;
§ 3 post.

Aus dem sachlichen Zusammenhang herauszuheben sind in c. 12, 4 die Worte „iocularitcr, ut verba ipsa ponit Marius Maximus, retractantibus Italicis, vehementissime ceteris", desgleichen der ganze § 2 von c. 13, durch das „ferunt" zur Genüge als biographisch gekennzeichnet. Nicht biographisch ist einmal ein „ut dicitur" (13, 3); wer den Zusammenhang, in dem es steht, unbefangen liest, wird sofort herausfinden, daß es auf einer ganz anderen Basis beruht als alle biographischen Wendungen ähnlicher Art: der sachliche Gewährsmann ist bei Sonnenaufgang wenigstens nie auf dem Gipfel des Ätna gewesen, deswegen berichtet er die Erscheinung so, wie von ihr die Rede geht, und gewissenhaft, wie er ist, bemerkt er das ausdrücklich. Daß wir mit Recht die Hauptmasse des zwölften Kapitels dem sachlichen Autor zugewiesen haben, erhellt mit Sicherheit auch durch 12, 5 „non sine gloria": etwas ganz ähnliches kommt V. Iuliani 2, 3 vor „sed non ea fama"[130]. Ferner ist für die von uns angenommene Autorschaft c. 12, 1 die eigentümliche Vertrautheit mit den ägyptischen Verhältnissen zu bemerken, auf welche ich in meinen „Beiträgen" gebührend hingewiesen habe[131]. Das, was sich in diesem Paragraphen über den Apisstier ausgesagt findet, entspricht vollkommen den tatsächlichen Verhältnissen; es könnte mit den wenigen Worten kaum präziser ausgedrückt werden. Endlich möchte ich noch auf die scharfe, exakte Verneinung 12, 5 aufmerksam machen, die in ihrer Art völlig der in c. 8, 11 entspricht: „in nullo omnino commotus", cf. „non petenti ac sine precatione"[132]. C. 12, 6 kehrt der Limesbau in allgemeiner Fassung wieder[133], in der Art seiner Kon-

---

130) Vgl. auch die unten im Texte aufgeführten stilistischen Eigentümlichkeiten in c. 12, 5 cf. 8, 11!

131) Siehe ebd. S. 97: „man kann mit einer gewissen Wahrscheinlichkeit an eine Abstammung des sachlichen Gewährsmannes der Viten aus Alexandria oder Ägypten denken."

132) Vgl. oben S. 43.

133) Vgl. V. 11, 2. An dieser Stelle nur von dem britannischen Limes genau mitgeteilt; vgl. S. 56 f. u. 65.

struktion treffend geschildert. Das Werk des sachlichen Gewährsmannes hat die Anlage der Grenzwälle durch Hadrian anscheinend richtig in ihrer Bedeutung gewürdigt und dementsprechend bei Gelegenheit hervorgehoben [134]). Zwischen § 7 und 8 klafft eine große Lücke [135]), vermutlich durch den Schlußredaktor hervorgerufen, der seine Hand ja bereits mit der Erwähnung des MM § 4 mit im Spiele gehabt hat. Ich glaube an diesem Orte darauf verzichten zu dürfen, nochmals meine Beweisgründe zu wiederholen, warum MM nicht von Spartianus benutzt worden sein kann, warum seine Erwähnungen ausschließlich auf den theodosianischen Fälscher zurückführen [136]). Gerade in c. 12, 4 verrät sich der letztere in überzeugender Weise, obgleich an und für sich die Anführung des MM recht geschickt gemacht ist; denn der Redaktor hat es in allererster Linie in der Vita Hadriani mit der Beibringung von 'ioca' zu tun gehabt, diese 'ioca' sind aber aus keinem anderen Werke entnommen als dem des MM, der in ausdrückliche Beziehung zu dem „ioculariter retractantibus Italicis, vehementissime ceteris" gesetzt wird: „ut verba ipsa ponit Marius Maximus", wie der Theodosianer zur Erklärung und Verteidigung der allerdings höchst merkwürdigen Wendung energisch hinzufügt. Vgl. V. 17, 5 „iocus balnearis"; 20, 8 „ioca eius plurima extant"; 21, 3 „unde extat etiam ... prope ioculare de servis" [137]). Mithin ist der inkriminierte Partizipialsatz 12,4 aus dem sachlichen Texte auszuscheiden und alles, was bisher aus dieser Erwähnung des MM gefolgert worden ist, hinfällig [138]).

134) Dürr meint a. a. O. S. 37: „12, 6 ... kann wohl nicht anders aufgefaßt werden, als daß sie (die Nachricht) eine bei Erwähnung einer Maueranlage in Spanien von Spartian selbst oder schon von seiner Vorlage beiläufig vorgebrachte Reminiszenz ist, neben welcher er einfältig genug die Hauptnotiz unterdrückt". Auch ich halte einen Wallbau in Andalusien zum Schutz gegen die Einfälle der Reiterscharen der Mauren, mag man auch nur an eine ganz primitive Anlage denken, die hier ihrem Zwecke gewiß schon entsprochen haben würde, für wahrscheinlich; aber ich möchte betonen, daß es sich bei dem gewissenhaften Charakter unseres Autors um keine „beiläufig vorgebrachte Reminiszenz", sondern um eine zusammenfassende Würdigung eben aus Anlaß des südspanischen Baues gehandelt haben wird.

135) Vgl. S. 57 f.     136) Vgl. S. 4 f., 9 und besonders 15 f.

137) Vgl. S. 88 u. 94, namentlich auch Anm. 282 (V. Heliog. 11, 6!).

138) Einen geradezu klassischen Beleg dafür, was man früher in dieser Hinsicht in den Viten alles nachweisen zu können glaubte, gibt Plew a. a. O. S. 38 ff., wo er mit wirklichem Scharfsinn den „positiven Beweis" dafür zu liefern meint, daß „MM auch in dem Reisebericht die Quelle Spartians ist, mit anderen Worten, daß er es ist, durch welchen die aus der Autobiographie Hadrians stammenden Stücke in die Vita Spartians geleitet sind".

Noch bietet der Schluß von c. 12 (§ 7—8) einige Schwierigkeit. Wie wir soeben gesehen haben [139]), ist in dem vorhergehenden Paragraphen noch von den spanischen Ereignissen die Rede; die Vita fährt darauf fort:

§ 7: „Germanis regem constituit, motus Maurorum compressit et a senatu supplicationes emeruit [110]).

§ 8: Bellum Parthorum per idem tempus in motu tantum fuit, idque Hadriani conloquio repressum est."

Dürr a. a. O. S. 37 ist der Ansicht, daß „die Einsetzung des germanischen Königs bei Hadrians zweitem Aufenthalt in Gallien, die Konferenz mit parthischen Gesandten auf seiner Reise in Asien" stattgefunden habe. Den zweiten Teil seiner Behauptung gebe ich zu, den ersten bestreite ich. Denn Dürr ist die Hauptsache entgangen, die quellenkritisch an dieser Stelle zu bemerken ist, die außerordentliche Lücke, welche zwischen den beiden letzten Paragraphen des Kapitels klafft! Zunächst zugegeben, an sich liegt es nahe, daß der Kaiser an der germanischen Grenze selbst irgend einem Volksstamm einen „König" gab; warum muß aber Hadrian das durchaus von Gallien aus, warum kann er es nicht auch von Spanien aus geordnet haben? Dio Cassius sagt doch LXIX c. 9, 5 f. ausdrücklich, daß Hadrian mit den fremden Völkern meist das beste Einvernehmen zu bewahren wußte, das in gleichem Maße auf ihrer Furcht wie ihrer Zuneigung beruhte, und schließt folgenderweise: „τρεπόμενοι δὲ ἐπὶ σφᾶς αὐτοὺς ἐχρῶντο αὐτῷ διαιτητῇ τῶν πρὸς ἀλλήλους διαφορῶν" (c. 9, 6). Wenn also nach dem sachlichen Exzerpt der Vita deutlich zu erkennen ist, daß die Einsetzung des germanischen Fürsten von Spanien aus erfolgt ist, so heißt das eben einfach, daß der betreffende germanische Stamm die Entscheidung des Kaisers, als dieser in Spanien weilte, nachgesucht und erhalten hat und nichts anderes. Folglich sind wir c. 12, 7 noch in Spanien; 12, 8 aber müssen wir an der Ostgrenze des Reiches im Orient sein. Denn dies „colloquium", durch das ein Partherkrieg verhindert wurde, kann an und für sich schon nicht gut in Spanien stattgefunden haben. „Colloquium" heißt einfach „mündliche Unterredung", meist bedeutet es eine solche, die zu einem bestimmten Zwecke vereinbart ist; dieses Zwiegespräch kann nach dem Sinne der Vita nur mit den ersten

---

139) S. 55 f., besonders Anm. 134.
140) emeruit! vgl. V. 4, 4. — Die Verbindung der Unterdrückung des 'motus Maurorum' mit der 'constitutio regis' zeigt klar, daß beides zeitlich und örtlich in Verbindung miteinander gestanden hat.

Führern der Parther erfolgt sein, die sich gewiß nicht zu dem
Kaiser nach dem fernen Spanien oder Mauretanien hin bemüht haben
würden, zumal gerade „bellum Parthorum per idem tempus in motu
tantum fuit". Wer dessen ungeachtet noch zweifeln wollte, den muß
c. 13, 1 die Angabe der Reiseroute des Herrschers nach Achaia überzeugen: von Spanien reist kein Mensch „per Asiam et insulas" nach
Griechenland; dieser Weg ist einzig und allein für denjenigen möglich, der von Osten, d. h. von der Reichsgrenze kommt. Mithin ist
die Gefahr eines Partherkrieges von Hadrian durch sein persönliches
Eingreifen an Ort und Stelle beseitigt worden, zweitens aber haben
wir zwischen 12, 7 und 8 in dem Exzerpte der Vita mit einer großen
Lücke zu rechnen, die die Angabe des Reiseweges des Princeps von
Spanien (Mauretanien) nach dem Orient und der damit zusammenhängenden Ereignisse enthalten haben muß. Es ist nicht anzunehmen,
daß sich bereits Spartianus einen derartigen Lapsus hat zu Schulden
kommen lassen, sondern zu vermuten, daß die Lücke erst von dem
Schlußredaktor aufgerissen worden ist, dessen Hand bereits 12, 4 im
Spiele war, und den die Reiseschilderung wahrscheinlich viel zu
wenig interessierte, als daß er sie in ihrem ganzen Umfang hätte
erhalten wissen wollen [141]. —

Dio Cassius berichtet über die Reisen Hadrians LXIX c. 9—11;
es ist vielleicht wieder einmal von Interesse, seine Angaben mit
denen des sachlichen Exzerptes der Vita zu vergleichen. Auch Dio
hat die einzelnen Phasen der kaiserlichen Reise gekannt oder doch
wenigstens kennen können; das Exzerpt des Xiphilinus zeigt jedenfalls nur noch sehr wenig davon, daß er es auch für gut befunden
hat, sie uns im einzelnen mitzuteilen und ihre spezielle Bedeutung
zu würdigen; immerhin fehlt es daran nicht ganz, vor allem nicht in
den Punkten, die die Frage der Militärreorganisation durch den Kaiser
betreffen.

Hierzu hat sich besonders Plew a. a. O. S. 61 ff. in dem Abschnitte „Die Quellen für die Militärreorganisation Hadrians a) Dio
und Spartian" geäußert, und zwar in dem Sinne, daß beiden Berichten eine gemeinsame Quelle zugrunde gelegen habe, die in der
Autobiographie Hadrians zu finden sei. Die Plewsche Beweisführung
wie seine Disposition der Reformen sind in hohem Grade mangel-
haft; ihre Widerlegung im einzelnen erledigt sich durch den Gang
der S. 50 ff. gegebenen Untersuchung, die für sich selbst spricht. Die

---

141) Vgl. V. Sev. 17, 5.

von Plew herangezogenen Annäherungen im Ausdrucke sind keineswegs zwingender Art, sie erklären sich auf das einfachste durch die Gemeinsamkeit des Stoffes. Dabei sind ihm grobe Mißverständnisse des Spartianischen Textes mit untergelaufen, so z. B. 11, 1 „ante omnes tamen enitebatur, ne quid otiosum vel emeret aliquando vel pasceret" gegenüber, das Plew erklärt: „Mit der Üppigkeit war Trägheit eingerissen"[142]). Wie man ferner aus dem Dionischen „τοὺς μὲν ἐτίμα, τοὺς δὲ ἐνουθέτει" c. 9, 3 im Vergleiche zu V. 10, 2 „multos praemiis, nonnullos honoribus donans" dieselbe Quelle erschließen will, ist mir rätselhaft. Direkt falsch ist es, wenn Plew hierzu noch das „ceteros adhortatus" V. 10, 4 heranzieht[143]); denn abgesehen davon, daß diese Wendung mit dem „donans" 10, 2 nicht das Geringste mehr zu tun hat, heißt es in der Vita ausdrücklich: „exemplo etiam virtutis suae ceteros adhortatus, cum etiam vicena milia pedibus armatus ambularet"[144]). Bei Dio steht in der Sache ähnlich: „καὶ ὅπως γε καὶ ὁρῶντες αὐτὸν ὠφελοῖντο ... καὶ ἐβάδιζεν ἢ καὶ ἵππευε πάντα, οὐδ' ἔστιν ὁπότε εἴτε ὀχήματος τότε γε εἴτε τετρακύκλου ἐπέβη"[145]); ein Vergleichspunkt ist also freilich vorhanden, aber niemals in der Weise, wie Plew gewollt hat; er liegt in dem „exemplo" und weiter in dem folgenden Nebensatze, doch nicht in dem „adhortatus" in Verbindung mit dem, was zwei Paragraphen vorher zu finden ist.

Die Dinge liegen vielmehr so: „Dio hat seinen Bericht über die Militärreorganisation Hadrians selbständig zusammengearbeitet; dabei hat ihm natürlich, wie aus c. 11, 2 direkt hervorgeht, die kaiserliche Autobiographie als Quelle vorgelegen. Der sachliche Gewährsmann der Vita, dem an bloßem Aus- und Abschreiben gewiß nie etwas gelegen ist[146]), hat die Militärreform Hadrians seinerseits auch, und das sehr eingehend, dargelegt; dabei hat er naturgemäß die kaiser-

---

142) S. 62; vgl. dazu oben S. 54, wo der betreffende Satz in der richtigen Beleuchtung erscheint. 143) Auf S. 64, Anm. 1.
144) Vgl. S. 53, speziell Anm. 124. — „Ambulare" (vgl. V. 16, 3) ist terminus technicus gewesen, wie aus Vegetius I 27 (was auch Plew a. a. O. S. 59, Anm. 1 bemerkt hat) hervorgeht: „hoc enim verbo hoc exercitii genus nominant". S. auch V. 26, 2.
145) C. 9, 3. Ja, greift man es nicht förmlich mit Händen, daß hier die Gleichartigkeit des Stoffes die Annäherung der Schilderung bedingt? Sollte „ὁρῶντες αὐτόν" wirklich die Übersetzung von „in propatulo" V. 10, 2 sein und nicht viel besser in Verbindung mit dem „exemplo" V. 10, 4 zu bringen?
146) Das ist doch wohl an den verschiedensten Beispielen in meinen „Beiträgen" zur Evidenz nachgewiesen worden.

liche Autobiographie benutzt, ja benutzen müssen". Beide Schriftsteller sind also unabhängig, und zwar sowohl von der Autobiographie wie voneinander, an ihre Aufgabe herangetreten und haben sie nach ihren Kräften zu lösen versucht; wie weit im einzelnen die von der Natur der Sache gebotene Abhängigkeit von den Quellen geht, läßt sich selbstverständlich nicht mehr sagen, da uns wirklich feste Anhaltspunkte in dieser Beziehung fehlen. Gewiß finden sich einige Annäherungen zwischen Dio und unserem Anonymus; diese sind durch den gemeinsamen Gegenstand bedingt, wie sich das auch sonst oft genug zwischen ihnen nachweisen läßt [147]). Ferner ist es sehr leicht möglich, daß die ἅπαξ λεγόμενα [148]) Spartians auf die Autobiographie zurückzuführen sind, auch in Ansehung deren archaisierender Ausdrucksweise, so 'capulus, crypta, magistrans, manipula, propatulus' und vielleicht noch 'posca' [149]). Event. kann man endlich ambulare [150]) mit βαδίζειν, magistrare mit διδάσκειν gleichsetzen; aber das alles erlaubt noch nicht die Behauptung, daß Dio Cassius sowie der sachliche Gewährsmann Spartians einzig und allein die Autobiographie des Herrschers als Vorlage benutzt und ausgeschrieben haben [151]).

Dio-Xiphilinus c. 9, 1 schildert zunächst ganz allgemein die organisatorische Tätigkeit des Herrschers in den Provinzen [152]); der übrige Teil des Kapitels beschäftigt sich mit der Militärreorganisation und ihrer Wirkung auf die auswärtigen Völker, wie wir soeben gezeigt, in sachlicher Übereinstimmung mit dem, was die Vita ausführt. C. 10, 1 spricht von dem Verhalten des Kaisers in den Städten der Provinz, desgleichen von seinen Wohltaten der Heimatstadt Ita-

---

147) Siehe hierzu vor allem die Vita Iuliani, worüber in meinen „Beiträgen" S. 26 ff. gehandelt worden ist; sehr gut ist auch V. Sev. 15, 1, „Beiträge" S. 48.

148) Vgl. Lessing a. a. O. zu den einzelnen Wörtern; 'manipulus' kommt noch einmal V. Probi 8, 2 vor.

149) Siehe S. 50, wo der hoc est-Satz als spätere Zutat aufgefaßt worden ist.

150) Vgl. S. 59, Anm. 144.

151) Daß der sachliche Autor sich der Autobiographie Hadrians, wie wir bereits S. 44 f. wahrscheinlich zu machen gesucht haben, nur als einer seiner Quellen bedient hat und ihr gegenüber seiner eigenen historischen Einsicht entsprechend sich eine freie Stellung gewahrt hat, geht auch aus V. 14, 5 bei Gelegenheit des Unterganges des Antinoos hervor; siehe dazu unten S. 78 f. Zu „iubebat" 10, 2 siehe oben S. 52!

152) „τείχη" kann ursprünglich vielleicht auf die Limesbauten gegangen sein. — „τὰ μὲν ἐς ἐπικαιροτέρους τόπους μεθίστη" berührt sich event. rein sachlich mit dem bis zur Unverständlichkeit verkürzten „locum castris caperet" V. 10,6; vgl. S. 53, Anm. 125.

lica gegenüber[153]). C. 10, 2 teilt uns die schon durch die Vita c. 2, 1 bekannte[154]) Jagdliebhaberei des Hadrian mit einzelnen Belegen, deren einer sich noch § 3, 2 findet, mit; Dio, der sich hier überall aufrichtig der Unparteilichkeit befleißigt, erkennt an, daß der Herrscher die Staatsgeschäfte über seiner Passion nicht verabsäumt habe. 10, 3¹ erwähnt den Tod der Plotina und seinen Eindruck auf den Princeps; der Tod selbst ist in dem Spartianischen Exzerpte nicht angegeben, V. 12, 2 setzt ihn aber voraus. C. 11, 1 „ἀφικόμενος δὲ ἐς τὴν Ἑλλάδα ἐπώπτευσε τὰ μυστήρια" entspricht der Vita c. 13, 1: „Eleusinia sacra exemplo Herculis Philippique suscepit"[155]). Die darauf angegebene Reiseroute über Judäa nach Ägypten gehört bereits der zweiten Reise des Kaisers an, über die in dem folgenden Abschnitte zu handeln sein wird. Noch möchte ich bemerken, daß das Fragment des Maius p. 221, welches Boissevain in seiner Ausgabe Dios als 8, 1a bringt, richtiger zwischen c. 9 und 10 zu setzen ist, da dieser Alexandrinische Aufstand mit der „Alexandrina seditio" V. 12, 1 identisch sein dürfte. —

Kaiser Hadrian ist bald nach der Grundsteinlegung des 'templum Romae et Veneris' am 21. April 121[156]), also etwa um den 1. Mai dieses Jahres, von Rom aus zu seiner ersten großen Reise, die ihn auf über 5 Jahre von der Hauptstadt entfernt halten sollte, aufgebrochen. Der Herrscher hat sich zuerst nach Gallien zu gewandt[157]) und in dieser Provinz allen wahrhaft Bedürftigen seine kaiserliche Unterstützung zuteil werden lassen. Von Gallien ist der Princeps, vermutlich im Spätsommer desselben Jahres, nach Deutschland abgegangen, wie es scheint, zuerst nach der Germania Superior, von dort vielleicht die Reichsgrenze entlang bis zum nördlichen Pannonien[158]). Nach V. 12, 6 ist es sehr möglich, daß der Kaiser den einen Teil dieses Weges etwa der heutigen Limeslinie entlang genommen hat, um die Örtlichkeit genau zu besichtigen und die Vorarbeiten zu dem Werke des Grenzschutzes beginnen zu lassen bez. selbst zu leiten. Von Oberpannonien ist der Herrscher wohl auf

---

153) Vgl. noch unten S. 65 f.  154) Vgl. S. 11.
155) „Exemplo Herculis Philippique" führt unter Umständen auf die Autobiographie des Kaisers selbst zurück; es kann indes auch mit 5, 3 auf einer Stufe stehen.
156) Was m. E. Dürr a. a. O. S. 24 ff. durchaus überzeugend erwiesen hat.
157) Doch wohl auf dem Landwege.
158) Vgl. Dürr a. a. O. S. 34 ff., dessen Argumentation mir ebenso klar wie überzeugend erscheint.

demselben Wege an die Rheingrenze zurückgereist [159]) und den Strom hinab bis zu seiner Mündung ins Bataverland gezogen [160]), ständig darauf bedacht, den Zustand des verlotterten Grenzheeres durch Mahnung, Verbot und Beispiel zu einem wünschenswerten umzugestalten.

In der Tat muß es um die Rheinarmee in dieser Zeit schlimm genug bestellt gewesen sein. Die Kriegstüchtigkeit der Truppen war im höchsten Grade zweifelhaft geworden; denn die beiden Grundbedingungen derselben fehlten, wenn auch nicht ganz, so doch zu einem großen Teile: Kriegsübung und Kriegszucht. Hadrian hat jeder von beiden nach dem richtigen Grundsatze 'si vis pacem, para bellum' seine Aufmerksamkeit zugewandt.

In angestrengter reorganisatorischer Tätigkeit hat Hadrian den ganzen Winter 121/122 und vielleicht noch den größten Teil des Frühjahrs 122 an der Rheingrenze zugebracht; dann ist er, nachdem das Notwendigste getan war und alle Anzeichen den Bestand der kaiserlichen Reformen verbürgten, nach Britannien gekommen. Auch hier hat der Kaiser überall selbst Hand an die Verbesserung des Zustandes der Provinz und des Heeres gelegt; vor allen Dingen aber hat er hier unter ca. 55° n. Br. den bekannten Grenzwall von der Tynemündung bis zum Solway Firth ziehen lassen in einer Länge von 80 Milien gleich 118 km [161]).

Wie wir aus V. 11,3 ersehen können, hat den Herrscher seine Gemahlin Sabina auch auf der ersten Reise begleitet [162]). Wenn trotz der unerquicklichen Verhältnisse, die in dieser Ehe geherrscht haben, die Kaiserin ihrem Gatten gefolgt ist, so muß angenommen werden,

---

159) Man kann sich sehr gut denken, daß Hadrian hierbei die unterdessen fortgeschrittenen Arbeiten an der Limesanlage besichtigt und nunmehr weitere Direktiven gegeben hat. — Gewiß sind das alles nur Hypothesen, aber Hypothesen, die den nachdrücklichsten Anspruch auf Beachtung erheben; denn in welche Epoche Hadrians sollte man auch nur mit einiger Wahrscheinlichkeit Anlage und erste Ausführung des großen Rhein-Donaulimes verlegen können, wenn nicht gerade in diese Monate, da der Kaiser selbst anwesend war?

160) Dürr a. a. O. S. 36: „In dem Namen des kleinen, auf einer Insel bei Lugdunum Batavorum gelegenen Ortes Forum Hadriani darf vielleicht eine Spur seiner dortigen Anwesenheit erkannt werden". — Die „batavischen Reiter" des Kaisers haben unter ihm eine gewisse Rolle gespielt: Dio erwähnt ihre hervorragende Leistungsfähigkeit c. 9, 6 an der Donau. Es liegt also umsomehr nahe, daß Hadrian die Heimat dieser tüchtigen Truppe aufgesucht hat.

161) Vgl. meine „Beiträge" S. 67, Anm. 100. — Die Zahlenangabe stimmt also ganz genau; ebenso das „primus duxit".

162) Wonach Dürr a. a. O. S. 34, Anm. 133 zu berichtigen ist.

daß Hadrian damit die bestimmte Absicht verband, auch auf dem Gebiete des Familienlebens seinen Untertanen ein gutes Exempel zu geben; wie der Princeps das ethische Moment dem Heere gegenüber energisch betont hat, so hat er mithin auch ganz allgemein auf moralischem Gebiete [163]) durch sein Beispiel bessernd einwirken wollen: für die Beurteilung seines Verhältnisses zu Antinoos wird dieser Umstand, auf den bisher meiner Kenntnis nach noch nirgends irgendwie aufmerksam gemacht worden ist, nicht ohne Belang sein, zumal ja gerade hier wieder die Selbstverleugnung Hadrians, die er in der schweren Schule seines Lebens gelernt, im günstigsten Lichte erscheint [164]).

In Britannien ist es zu einer häuslichen Katastrophe gekommen.[165]) Wenn es auch nicht richtig sein dürfte, hierbei der Kaiserin den schlimmsten Vorwurf zu machen, hat doch ihr Gemahl selbst sie in jenen Tagen nicht als sittenlos, sondern vielmehr als „morosa et aspera" bezeichnet, so viel ist jedenfalls gewiß, Sabina hat sich in ihrem Verkehr mit den Dienern ihres Mannes schwere Verirrungen zu Schulden kommen lassen, infolge deren Septicius Clarus, der prätorische Präfekt, und Suetonius Tranquillus 'epistularum magister', sowie viele andere Würdenträger der kaiserlichen Umgebung ihren Abschied einreichen mußten. Man kann sich leichtlich vorstellen, wie dieser Skandal auf das Gemüt des Kaisers, dessen Geist die höchsten Fragen der materiellen und ideellen Wohlfahrt des Reiches erwog, gewirkt hat; Hadrian hat sicherlich genau gewußt, wie die Vorfälle an dem kaiserlichen Hofe in dem abgelegenen Britannien in Rom ausgebeutet und entstellt werden würden.

Von Britannien ist der Herrscher in dem Herbste des Jahres 122 nach Gallien übergesetzt, wo ihn die unwillkommene Nachricht von einem Aufstande in Ägypten, speziell in Alexandria, erreichte, der wegen der Beherbergung des Apisstieres, welcher nach vielen Jahren

---

163) Vgl. hierzu V. 18, 10 (S. 91).

164) Unsere Annahme ist keineswegs lediglich Konstruktion. V. 11, 3 heißt es ausdrücklich: „uxorem etiam ut morosam et asperam dimissurus, ut ipse dicebat (kann also nicht aus der Autobiographie entnommen sein!!), si privatus fuisset". Von dieser einen Auffassung bis zu der von uns betonten anderen ist nur ein Schritt.

165) Es ist zu beachten, wie maßvoll und dezent sich der sachliche Autor in dieser heiklen Angelegenheit ausdrückt: „quod apud Sabinam uxorem in usu eius familiarus se tunc egerant, quam reverentia domus aulicae postulabat". Wie würde wohl eine biographische Quelle geschrieben haben? — Die interessante Parallele steht gleich darauf V. 11, 4 ff.

wieder aufgefunden worden war, zwischen den einzelnen Gauen des Landes schwere Verwirrungen hervorrief. Wenn es erlaubt ist, die oben erwähnte[166]) Dionische Stelle hierzu heranzuziehen, so wäre es dem Kaiser gelungen, durch ein eigenes Handschreiben und die in ihm getroffenen Anordnungen die aufgeregten Gemüter wieder zu beruhigen. Im Spätherbst des Jahres 122 hat sich Hadrian in Nemausus aufgehalten[167]); hier hat ihn vermutlich die Nachricht von dem Tode seiner hochverehrten mütterlichen Freundin, der Kaiserinwitwe Plotina, getroffen. Hadrian hat ihren Verlust schmerzlich und schwer empfunden; er hat seine Reise nach dem Süden unterbrochen, seine Adoptivmutter 9 Tage lang in schwarzem Gewande betrauert und ihr eben in Nemausus eine Basilika von bewundernswerter Bauart[168]) errichten lassen. Darauf — das wäre in den letzten Wochen des Jahres 122 — ist Hadrian nach dem spanischen Tarraco gelangt, wo er überwinterte. Auch hier hat der Princeps wieder seine überlegenen Herrschergaben bewährt. Wir vermögen nicht mehr deutlich zu erkennen, worum es sich in jenen Tagen in Spanien hauptsächlich gehandelt hat; wir können nur so viel sehen, daß auch dieses Land von einer nicht gewöhnlichen Beunruhigung erfaßt gewesen sein muß; jedenfalls ist es dem Kaiser auf dem nach Tarraco zusammenberufenen allgemeinen Landtage erst nach Aufbietung seiner gesamten staatsmännischen Kunst gelungen, das Erforderliche und Wünschenswerte und im speziellen die Heeresaushebung durchzusetzen[169]). Wenn Hadrian

166) S. 61.

167) Wie man bemerkt haben wird, habe ich in dem Obigen eine gegen Dürrs Aufstellungen etwas abweichende chronologische Aufstellung verfolgt: nach Dürr kommt der Herrscher im Frühjahr 122 nach Britannien, das er Ende des Sommers verläßt, um gegen Ende des Jahres in Spanien einzutreffen. M. E. tun wir in Anbetracht der uns überlieferten umfassenden Reformen, die der Kaiser gerade am Rheine getroffen hat, besser daran, seinen dortigen Aufenthalt etwas weiter, vielleicht bis in den Mai 122 (Ende des Frühjahrs, siehe S. 62) auszudehnen, so daß er im ganzen etwa die Zeit von August 121 bis Mai 122 an Rhein und Donau verbracht hat. Auf Britannien würde sodann der Sommer 122 und (mit Berücksichtigung der geraume Zeit in Anspruch nehmenden Vorarbeiten zur Limesanlage!) ein Teil des Herbstes, vielleicht bis Oktober, kommen. Gallien scheint Hadrian, wohl auf die Nachricht von dem alexandrinischen Aufruhr hin, diesmal möglicherweise mehr im Westen (Dürr a. a. O. S. 36!) ziemlich rasch bis Nemausus durchzogen zu haben. Wohl kaum früher als im Dezember 122 ist er in Tarraco eingetroffen. — Vgl. noch Schiller a. a. O. I 2, S. 607 ff.

168) Nach Dio c. 10, 3¹ einen Tempel.

169) Auch nach Ausscheidung der MM-Nachricht legt das sachliche „prudenter et caute consuluit" (V. 12, 4) unsere Auffassung zum mindesten sehr nahe.

in Tarraco die 'aedes Augusti' auf seine Kosten wiederherstellen ließ, so wird das voraussichtlich in der Absicht geschehen sein, an den erlauchten Namen des ersten Princeps und seinen Kult in der bekannten Weise anknüpfend die Gemüter der Provinzialen für sich zu gewinnen. Hadrian hat in der Landeshauptstadt noch eine schwere [170]) Gefahr für sein Leben zu bestehen gehabt. Ein wahnsinniger Sklave suchte ihn mit bloßem Schwerte bei einem Spaziergange in den Lustgärten des Palastes zu ermorden; Hadrian hielt den Rasenden, ohne einen Augenblick seine Geistesgegenwart zu verlieren, in furchtbarem persönlichem Kampfe fest, bis ihn herbeieilende Diener entwaffneten. Da sich herausstellte, daß der Unglückliche wahnsinnig sei, überwies der Kaiser den Sklaven den Ärzten zur Heilung, „in nullo omnino commotus". Mit Recht rühmt der sachliche Autor das Verhalten des Princeps; und wenn wir bedenken, daß der Herrscher der Welt so dem Sklaven gegenüber verfuhr, der ihn, und sei es in der Raserei, mit einem schrecklichen Tode bedroht hatte, so kann auch auf uns die Tat Hadrians [171]) ihren nachhaltigen Eindruck nicht verfehlen, ja uns unter Umständen einen wertvollen Blick in das Seelenleben des seltnen Mannes gewähren. Ich stehe nicht an zu behaupten, daß die in diesem Falle von Hadrian bewährte Unerschrockenheit, vor allem aber seine wahre Humanität in der Geschichte des Altertums, man könnte vielleicht sagen: in der Herrschergeschichte aller Zeiten, ihresgleichen sucht.

Im Frühjahre 123 ist der Kaiser von Tarraco nach Südspanien gereist, das seit längerer Zeit [172]), wahrscheinlich schon seit mehr als 5 Jahren, fast ständig von Einfällen räuberischer Mauren heimgesucht wurde. Es ist möglich, daß im Süden der Halbinsel in der Baetica von Hadrian eine Befestigungsanlage, die wir uns nach dem Muster der germanischen und britannischen, jedoch wohl in viel leichterer Weise geschaffen vorstellen können, erbaut worden ist. Wir werden sie uns mit einiger Wahrscheinlichkeit in dem breiten und fruchtbaren unteren Tale des Baetis, dem heutigen Andalusien, gezogen denken, vielleicht weniger dazu bestimmt, die leichten Reiterscharen der Feinde von einem erneuten Einfalle abzuhalten, als ihnen den Rückzug abzuschneiden und sie so zu vernichten [173]).

Psychologisch bemerkenswert ist [174]), daß Hadrian seine Heimat-

---

170) „Gravissimum periculum" V. 12, 5.
171) Auf die meines Wissens historisch noch nicht aufmerksam gemacht worden ist.   172) Vgl. V. 5, 8 etc.   173) Vgl. noch S. 55 f.
174) Was bereits Dio c. 10, 1 aufgefallen ist!

stadt Italica nicht besucht hat, trotzdem ihm das gewiß ein Leichtes
gewesen wäre. Er hat es vorgezogen, aus der Ferne der Vaterstadt
seine Segnungen zu erweisen. Wir können so gut wie gewiß sagen,
daß von ihm die Stadt von einem Municipium zu einer Kolonie erhoben worden ist.

Vermutlich hier im Süden Spaniens haben die Reformen des
Kaisers an der Rhein- und Donaugrenze ihre erste nach außen sicht-
bare Frucht getragen [175]): Abgesandte irgend eines germanischen
Stammes sind hier eingetroffen, den Herrscher um Entscheidung
ihrer inneren Streitigkeiten anzugehen; Hadrian hat ihnen seine Vermittelung nicht verweigert und somit wieder einmal ein römischer
Kaiser einem germanischen Volke einen König gegeben.

Es muß für uns nach dem Wortlaute des sachlichen Exzerptes
der Vita [176]) unzweifelhaft sein, daß Hadrian persönlich die Mauren-
Unruhen unterdrückt hat: Dürr a. a. O. S. 37 f. hat mit anderen,
wenn auch nicht ebenso durchschlagenden Gründen einen Aufenthalt
des Herrschers in Mauretania im Jahre 123 wahrscheinlich zu machen
gesucht.

Für die weitere Reise des Princeps verläßt uns nach c. 12, 7 die
ohnehin viel zu spärliche Epitome Spartians vollständig, um erst
wieder während Hadrians Aufenthalt an der Parthergrenze einzusetzen [177]). Dürr hat S. 48 ff. sich der wenig dankbaren Aufgabe
unterzogen, trotzdem die Reiseroute des Kaisers dahin zu rekonstruieren.
Es läßt sich nicht leugnen, daß seine Annahme eines Reiseweges
über Kreta und durch Kleinasien von der Südwestküste dieses Landes
aus eines gewissen Grades der Wahrscheinlichkeit nicht entbehrt; mit
Sicherheit aber werden wir eigentlich nur sagen können, daß Hadrian,
wie die von Dürr S. 124 nachtragsweise mitgeteilte Inschrift ergibt,
Rhodos einen Besuch abgestattet hat. Damit ist dann freilich die
Dürrsche Vermutung einer Landung in Halikarnaß und eines Besuches von Ephesos in Frage gestellt; denn wer von Rhodos kommt,
landet an der Küste des Festlandes am ehesten „in Karien oder Lykien".
Hierdurch aber wird wiederum zweifelhaft, ob die Vermutung, daß

---

175) Im Sinne Dios c. 9 Ende.
176) V. 12, 7: „... motus maurorum conpressit et a senatu supplicationes
emeruit" (S. 57, Anm. 140): das genügt bei dem sachlichen Autor trotz der
Kürze des Exzerptes vollständig; Hadrian hat also selbst die Mauren nach,
wie es scheint, erbitterten Kämpfen niedergeworfen und sich damit von dem
Senate zu Rom 'supplicationes' verdient.
177) Vgl. oben S. 57 f.

Hadrian „bei seinem zweimaligen Besuch in Asien nicht dieselben Provinzen ... bereiste", wirklich „durch innere Gründe gerechtfertigt" ist, auch in Anbetracht der Mitteilungen der Vita c. 13, 6. Nach ihnen gewinnt es den Anschein, als wenn der Kaiser in vielen Fällen eben bei Gelegenheit der zweiten Reise den Werken die Weihe der Vollendung gegeben hat, die er während der ersten begonnen oder angeregt hatte. Vorsicht ist also gerade bei der Behandlung dieses Teiles der kaiserlichen Reisen besonders geboten; sind wir doch selbst da, wo die Vita, dem trefflichen historischen Gewährsmanne folgend, immer noch einige Anhaltspunkte von Bedeutung gab, gezwungen gewesen, fast ständig zu einem „möglicherweise", „vielleicht" oder „wahrscheinlich" unsere Zuflucht zu nehmen, sowohl was einzelne Teile der Reiseroute als vor allem ihre genauere chronologische Fixierung betraf. Und schließlich ist diese letztere überhaupt nur auf der Basis des Zusammenklanges der uns erhaltenen [178]) Nachrichten im großen und ganzen möglich gewesen, letzthin also doch auf Grund von Erwägungen, die eines gewissen allgemeinen Charakters nicht entbehrten noch entbehren konnten, und damit — ich betone das hier ausdrücklich — steht eben die versuchte speziellere Fixierung gewiß noch auf teilweise schwankendem Grunde.

178) Das aber heißt gleichzeitig zu einem Teile wenigstens auch „zufällig erhaltenen Nachrichten". Es liegt nicht in dem Rahmen dieser Untersuchungen, auf die Kontroversen einzugehen, die sich an die zwei Inschriften von Epidauros (vgl. Kabbadias, Δελτίον ἀρχαιολογικόν VIII [1892] S. 113 ff.) geknüpft haben. S. dazu J. Baunack, Philologus VIII N. F., S. 29 ff. Die beiden Inschriften in den Mitteilungen des Archäol. Instit. in Athen 1894, S. 28 ff. beweisen gar nichts für einen etwaigen Aufenthalt des Herrschers in Magnesia am Mäander im Jahre 120/1. Warum kann Hadrian nicht im Herbst 125 einen Abstecher von Athen aus nach Epidauros gemacht haben, so daß die von J. Baunack a. a. O. S. 30 erwähnte Inschrift vollkommen zu Recht besteht? Epidauros liegt ganze 55 km vom Piräus entfernt, also bequem in angenehmer Seefahrt von 4 bis 5 Stunden(!) zu erreichen. Ist es nicht überhaupt sehr wahrscheinlich, daß der wißbegierige Kaiser noch die letzten schönen Herbsttage des Jahres 125 zu einer Rundfahrt in dem herrlichen Saronischen Meerbusen benutzt hat? Ich kann mich vorläufig nicht überzeugen, daß „einmal zur Geltung und Anerkennung die Nachricht des Eusebios von einem Besuche in den Jahren 121/2" kommen wird. — Es ist m. E. nichts verderblicher und mehr von dem Historiker zu vermeiden, als das, was nicht wirklich mit Sicherheit sich feststellen läßt, für entsprechend den Tatsachen auszugeben und darauf die geschichtliche Konstruktion, deren Berechtigung an sich gewiß unbestreitbar ist, aufzubauen. Ebenso wenig wird eine schwache Beweisführung durch die so oft beliebte Kraft des Ausdruckes gestärkt; aber beides dient dazu, irrezuführen und zu schaden.

5*

Ende des Jahres 123 und im Jahre 124 hat sich Kaiser Hadrian an der Euphratgrenze des Reiches aufgehalten. Es haben um diese Zeit schwere kriegerische Verwicklungen mit den Parthern gedroht[179]), die durch die persönliche Vermittelung des Herrschers, der die Führer der Feinde zu einer Besprechung entbot, beseitigt worden sind. Wir können mit Bestimmtheit den Aufenthalt des Princeps in der wichtigen Grenzfestung Melitene in Kappadokien unweit des oberen Euphrat, wo er die legio XII fulminata inspizierte, und in Trapezus nachweisen[180]). Darauf hat sich der Kaiser durch Kleinasien, über die Inseln (und Thessalien, vgl. unten) nach Achaia begeben. Ende August/Anfang September 125 finden wir ihn in Athen. Dürr hat a. a. O. S. 55 ff. es wahrscheinlich gemacht, daß Hadrian auch Thrakien, Makedonien, Dodona und Nordgriechenland aufgesucht und dementsprechend nur die nördlichen Inseln berührt habe, so Lesbos, Thasos und „die altberühmte Mysterieninsel Samothrake". Ich möchte zu dieser Annahme bemerken, daß die Worte Spartians (was Dürr übrigens entgangen ist) allerdings sehr merkwürdig klingen und eine starke Kürzung des Urtextes nahe legen. V. 13, 1 heißt es nämlich: „post haec per Asiam et insulas ad Achaiam navigavit"; es ist gewiß auffallend, von einem „navigare per Asiam" zu sprechen, wenn man den Reiseweg von der Ostgrenze nach Griechenland angeben will, selbst wenn man annimmt, daß der kaiserliche Zug im wesentlichen der Nordküste entlang zur See gegangen ist. Unzweifelhaft haben wir es an dieser Stelle mit einer epitomatorischen Zusammenziehung des Ausdruckes zu tun, die dem Streben nach größtmöglicher Kürze entsprungen ist. Ähnliches läßt sich in den Viten, besonders in dem sachlichen Exzerpte derselben, häufig genug beobachten; oft gehen die Verkürzungen bis zur Unverständlichkeit, ich erinnere nur an V. 6, 7 „ad tempus"[181]) oder an V. 10, 6 „locum castris caperet"[182]). Da Hadrian schon im Herbste 124 Asien verlassen hat und erst im Hochsommer 125 in Athen angekommen ist, muß allerdings schon aus diesem Grunde eine einfache Schiffahrt „per insulas ad Achaiam" zweifelhaft erscheinen. Die Richtigkeit von Dürrs Annahme erweist vollends die in der Ephem. Epigr. V S. 79 f. mitgeteilte und von Mommsen besprochene Inschrift „rep. in ingressu vallis Tempe ad vicum Babá"; wir sehen also, daß der Epito-

---

179) Vgl. S. 57 f.
180) Die Belege stehen bei Dürr a. a. O. S. 52, Anm. 251 und Anm. 253.
181) Vgl. S. 30 u. 39, Anm. 85.
182) Vgl. S. 53, Anm. 125 und S. 60, Anm. 152.

mator der Vita die Angabe des kaiserlichen Zuges auf dem Festlande einfach weggelassen hat und wir in der Tat mit der von Dürr vermuteten Route zu rechnen haben [183]).

Im September 125 [184]) ist Hadrian zum erstenmal in die Eleusinischen Mysterien „nach dem Beispiele des Herkules und des Philippus" eingeweiht worden. Im März 126 hat er die Agonothesie bei den großen Dionysien geführt. Mitte 126 hat der Herrscher seine Lieblingsstadt wieder verlassen und sich über Megara und die altberühmten Orte der Peloponnes nach Sizilien begeben [185]). Wir wissen von seinem Aufenthalte auf dieser Insel nur, daß er den Ätna bestieg, um auf dem Gipfel des gewaltigen Berges das Schauspiel eines Sonnenaufganges zu genießen, „welcher hier in dem bunten Farbenspiel des Regenbogens schillern soll". Von Sizilien ist Hadrian gegen Ende des Jahres 126 „und zwar mit Rücksicht auf die Einstellung der Schiffahrt" vor Mitte November [186]) nach einer ca. 5½jährigen Abwesenheit nach Rom zurückgekehrt.

## § 2
### Der Kaiser in Rom und Afrika und seine zweite große Reise

Chronologische Anordnung und sachliche Disposition beherrschen den weitaus größten Teil auch desjenigen Abschnittes der Vita, welcher den Aufenthalt des Kaisers Hadrian in Rom, seinen Besuch in Afrika und seine zweite große Reise behandelt (c. 13, 4—14, 8a):

    c. 13 § 4 inde Romam ... ex ea in Africam
        § 6 denique cum post Africam Romam ... statim ad orientem ... per Athenas ... per Asiam ...
        § 7 deinde a Capadocibus ...
        § 8 (etiam):
    c. 14 § 1 Antiochenses inter haec ...
        § 2 ea tempestate et Iudaei ...
        § 3 in monte Casio;
        § 4 peragrata Arabia Pelusium ...
        § 5 dum per Nilum navigat.

---

183) Zur Zeit der Ankunft Hadrians in Athen vgl. zutreffend Dürr a. a. O. S. 45 ff.     184) Dürr a. a. O. S. 47.

185) Die Reise durch die Peloponnes ist in der Vita wieder der Kürze des Epitomators zum Opfer gefallen; 13, 3 steht nur „post in Siciliam navigavit". Gleichwohl ist der Besuch des Princeps in der Peloponnes, die man im übrigen auf der Reise von Athen nach Sizilien notgedrungen berühren muß, gesichert; vgl. Dürr a. a. O. S. 58 f.     186) Dürr a. a. O. S. 58.

Unstreitig ist gerade diese Zusammenstellung eine der lehrreichsten, welche sich aus der Vita Hadriani überhaupt für die Charakterisierung der Eigenart des sachlich-historischen Autors gewinnen lassen. Man kann direkt sagen, daß es eigentlich bereits nach den wenigen Worten derselben möglich ist, die Reiseroute des Herrschers in den Hauptpunkten zu bestimmen. Wie viel mehr aber lehrt noch der uns erhaltene Text Spartians! — C. 13, 5 ist wahrscheinlich kein späterer Einschub (S. 79 ff.); c. 14, 6—8a ist biographische Zutat. Gleich die Einführungsart dieser Zeilen verrät das auf das deutlichste. „De quo varia fama est" ist so kennzeichnend wie nur irgend möglich; zu „varia fama" vgl. V. 4, 5 „opinio multa"[187]) oder 4, 8 „frequens opinio"[188]). Es folgt die spezifisch biographische Unbestimmtheit in der Berichterstattung: „aliis ... adserentibus ... aliis" cf. z. B. V. 11, 7 „adserunt"; 14, 8a schließt mit der allgemeinen Wendung „iactatur"[189]).

Noch könnte man zweifelhaft sein, ob nicht vielleicht das „quem muliebriter flevit" 14, 5 bereits unter dem Einflusse der unmittelbar darauf einsetzenden biographischen Tradition geschrieben worden sei. Ich glaube diese Frage verneinen zu dürfen sowohl wegen der kurz gefaßten Weise des Ausdrucks als auch in Anbetracht dessen, daß die biographische Zutat an sich klar erkenntlich (vgl. oben) erst mit dem zweiten Relativsatz „de quo . . ." eingeführt wird. Hat doch auch sonst, so besonders V. 1, 5 und 2, 1[190]) der sachliche Autor es keineswegs vermieden, im Interesse der Wahrheit und eines richtigen Gesamtbildes Hadrian weniger Günstiges zu berichten bez. das Faktum desselben zu bemerken. In denselben Zusammenhang muß meiner Auffassung nach gleichfalls V. 13, 10 gestellt werden, dessen „crederetur" lediglich die allgemeine Ansicht der betreffenden stadtrömischen Kreise ausdrückt, die Hadrian, wie schon hervorgehoben worden ist[191]), nicht sehr gewogen waren. Man kann recht wohl daran denken, daß wir hier ähnlich wie V. 1, 5[192]) unseren Historiker vor uns haben, welcher die abweichende Version bez. Verleumdung der sog. biographischen Tradition wohl kennt, sie hier und da, wo das ihm richtig erscheint, auch direkt erwähnt. Bisweilen tut er dasselbe gleichfalls in den übrigen Kaiserbiographien, die auf ihn zurückführen, so z. B. in der Vita Severi 15, 1, wo gerade die irrige Meinung, die Dio Cassius in Severus wenig freundschaftlicher Art als die zutreffende

---

[187]) Vgl. S. 10.   [188]) Vgl. S. 10 f.
[189]) Zu V. 11, 7 siehe S. 54; vgl. auch „adserentes" c. 14, 7!
[190]) Vgl. S. 8, 13 u. 17 f.   [191]) S. 49.   [192]) S. 8.

vorgetragen hat, von ihm erwähnt und als „sermo volgaris" abgetan wird [193]).

Aus Dio Cassius läßt sich für die zweite Reise Hadrians selbst sehr wenig gewinnen, ja es läßt sich aus dem Exzerpte des Xiphilinus überhaupt nicht mehr erkennen, daß der Kaiser zwei große Reisen unternommen und zwischen ihnen in der Hauptstadt und in Afrika geweilt hat. Über seine Darstellung der Katastrophe des Antinoos werde ich seinerzeit [194]) im Zusammenhange handeln. Hier nur so viel, daß Dios Angabe des kaiserlichen Reisewegs über Judäa nach Ägypten c. 11, 1 mit V. 14, 1—4 übereinstimmt, desgleichen daß Dio den Besuch und die Wiederherstellung des Grabmales des Pompeius c. 11, 1 gleich V. 14, 4 kennt. Über den jüdischen Krieg, dessen Ausbruch V. 14, 2 nur ganz kurz mitteilt, ist Dios Epitome unsere sehr ausführliche Hauptquelle, c. 12—14. Dio c. 16, 1 bestätigt V. 13, 6; überhaupt bespricht c. 16, 1—2 zusammenfassend die von Hadrian den Athenern erwiesenen Ehren und Wohltaten in vollkommener Übereinstimmung in den tatsächlichen Punkten mit der Vita [195]).

---

193) Vgl. meine „Beiträge" S. 48.   194) Siehe S. 78 f.

195) Das Fragment des Ursinus c. 15, 3 gehört vielleicht besser in das LXX. Buch unter die Herrschaft des Antoninus Pius, wohin es Boissevain nach dem Vorgange von Mommsen in der Römischen Geschichte V S. 404, Anm. 1 in seiner Ausgabe des Dio in Anbetracht von V. Hadr. 13, 9; 21, 13 u. V. Anton. Pii 9, 6 versetzt hat. Die betreffenden Stellen lauten:

V. Hadr. 13, 9: „cumque ad eum quidam reges venissent, ita cum his egit, ut eos paeniteret, qui venire noluerunt, causa speciatim Farasmanis, qui eius invitationem superbe neglexerit".

V. Hadr. 21, 13: „Albanos et Hiberos amicissimos habuit, quod reges eorum largitionibus prosecutus est, cum ad illum venire contempsissent".

V. A. P. 9, 6: „Pharasmanes rex ad eum Romam venit plusque illi quam Hadriano detulit".

Wer diesen Stellen keine bindende Beweiskraft zuerkennen will, könnte dann in dem Fragmente eine willkommene Erläuterung eben zu V. 13, 9 „ut eos paeniteret, qui venire noluerunt" sehen in dem Sinne etwa, daß es Pharasmanes schließlich doch in der Tat gereut habe, seinerzeit die Einladung des Herrschers ausgeschlagen zu haben, und daß er sein Versäumnis später (also in den letzten Regierungsjahren Hadrians nach dessen definitiver Rückkehr nach Rom 134) mitsamt seiner Gemahlin wieder gut gemacht habe, ohne daß es Hadrian deswegen ihm gegenüber an hervorragenden Ehrenbezeigungen habe fehlen lassen. Ich gebe gern zu, daß die oben angeführten drei Stellen, auf welche sich zuerst Mommsen bezogen hat, nicht für Antoninus Pius urgiert werden könnten; denn erstens setzt V. Hadr. 21, 13 keineswegs unbedingt voraus, daß der Albaner-

Von den kleinen späten Autoren weiß Aurelius Victor De Caesaribus c. 14 direkt eigentlich nichts von den Reisen Hadrians zu berichten: Anklänge an Ereignisse während derselben lassen sich in § 3 und bei der recht behaglich-ausführlich mitgeteilten Antinooserzählung § 6—8 finden. Ungleich besser ist wieder die Epitome c. 14 berichtet, die die rastlose Tätigkeit und die außergewöhnlichen Reisen des Princeps anschaulich zu schildern versteht [196]).
Eutropius VIII c. 7, 1 b spielt auf den jüdischen Krieg, ohne ihn namhaft zu machen, an; § 2 weiß von den Reisen und Bauten des Kaisers „orbem Romanum circumiit, multa aedificavit". Endlich Orosius Adversus paganos berichtet über den jüdischen Krieg in christlicher Beleuchtung; die Reisen werden nicht erwähnt[197]). § 3 ist die Annahme des Titels 'pater patriae' durch Hadrian bekannt cf. Dio c. 2, 2; Vita 6, 4 [198]).

Nehmen wir an, daß Hadrian Ende Oktober oder Anfang November des Jahres 126 nach der Hauptstadt zurückgekehrt sei[199]), so ist er zunächst über 1½ Jahre bis zum Mai 128 daselbst verblieben.

bezw. der Hibererkönig überhaupt nicht nach Rom gekommen sei, zweitens braucht V. Anton. Pii nicht dahin ausgelegt zu werden, daß Pharasmanes dem Kaiser Antoninus Pius dadurch größere Ehre erwiesen habe, als er sie dem Hadrian habe zuteil werden lassen, daß er zu ihm nach Rom, aber nicht zu jenem gekommen sei. Man könnte z. B. auch sagen: Pharasmanes hat damit dem Antoninus Pius größere Ehre als seinem Vorgänger erzeigt, daß er (vermutlich gleich nach dessen Regierungsantritt!) ihn in der Stadt besucht hat, während er sich dessen Hadrian gegenüber dereinst lange geweigert hatte und erst durch des Kaisers großes Entgegenkommen dazu bestimmt wurde. Drittens hängt V. 13, 9 „ut eos paeniteret . . ." (siehe oben) bei der Annahme, daß Pharasmanes Hadrian niemals besucht habe, gewissermaßen in der Luft, während es, wie schon gesagt, bei der gegenteiligen Auffassung durch die Dionische Stelle des Ursinus eine treffliche Erläuterung findet. Wir werden es also nach einer sorgfältigen Erwägung des Pro und Contra bei einem 'non liquet' bewenden lassen müssen.

Ich habe dieser an und für sich wenig bedeutungsvollen Frage deswegen eine nähere Aufmerksamkeit geschenkt, weil es mir unrichtig erscheint, einerseits die Mitteilungen des sachlichen Bestandes der Vita nicht auf das sorgsamste zu untersuchen, andererseits weil ich nach dem gesamten Charakter des Gewährsmannes Spartians der Überzeugung bin, daß es mit dem „paeniteret" c. 13, 9 eine besondere tatsächliche Bewandtnis hat, daß es nicht nur eine Phrase bedeutet.

196) Über die Stellung der Epitome zur Vita vgl. oben S. 45 f.; desgleichen unten S. 110 f.     197) Vgl. S. 46 u. 111.
198) Vgl. darüber ausführlich Dürr a. a. O. S. 28 ff.
199) S. 69!

Wir dürfen mit Sicherheit behaupten, daß der Herrscher in diesem längeren Zeitraum hier im Herzen des Reiches all die zahlreichen Erfahrungen verwertet hat, welche ihm während seiner ersten Reise zu teil geworden waren. Im Mai 128 ist der Princeps nach Afrika übergesetzt[200]. Auch hier hat er den Provinzen seine kaiserlichen Wohltaten zugewandt. Die Frage ist jetzt: Wie lange ist Hadrian in Afrika geblieben? Dürr spricht sich a. a. O. S. 40 dazu folgendermaßen aus:

„Die Dauer seines Aufenthalts können wir etwa zu einem halben Jahre veranschlagen. Somit wird er wohl gegen Ende des Jahres 128 nach Rom zurückgekehrt sein, vermutlich vor Mitte November, da um diese Zeit gewöhnlich die Schiffahrt eingestellt wurde. Wenn er dann nach etwa halbjährigem Aufenthalt im April oder Mai 129 von Rom zu seiner zweiten großen Reise zunächst nach Griechenland aufbrach, so ist es ganz in Ordnung, wenn Spartian berichtet 'cum post Africam Romam redisset, statim ad orientem profectus' etc.; für Rom war das allerdings ein kurzer Aufenthalt."

Nein, das ist eben nicht in der Ordnung; Dürrs Worte sind wieder einmal ein Beleg dafür, wie leichtfertig man bisher mit den Nachrichten der SHA umging, ja umgehen zu müssen meinte[201]. Die von Dürr angeführten Worte Spartians lassen für jedermann einfach nur die eine Übersetzung und Deutung zu, daß Hadrian nach seiner Rückkehr von Afrika aus Rom „sofort" nach dem Osten aufgebrochen sei. Denn 'statim' heißt immer 'sogleich' und nicht 'bald darauf'[202], und wenn zwischen zwei Ereignissen ein Zeitraum von einem halben Jahre liegt, so folgen dieselben „bald" aufeinander, aber niemals „unmittelbar". Man kann auch nicht sagen, daß vielleicht vor 'statim' ein 'hieme peracta' oder etwas ähnliches ausgefallen sei; denn die ganze Stelle hat gar nicht das Aussehen, als wenn sich der Epitomator gerade hier seinem bekannten Streben nach äußerster Kürze hätte hingeben wollen, dem zuliebe allerdings leichtlich eine derartige nähere Bestimmung hätte unterdrückt werden können; dazu ist der Vordersatz „denique cum post Africam Romam redisset" viel zu exakt und auch ausführlich gehalten. Nach den Worten des sach-

---

200) Dürr S. 39 f.
201) Siehe S. 56, Anm. 138, ferner ebd., Anm. 134.
202) Dürr sagt ja: „Für Rom war das allerdings ein kurzer Aufenthalt; vgl. oben.

lichen Exzerptes²⁰³) muß also unbedingt angenommen werden, daß Kaiser Hadrian den Winter von 128 auf 129 in Afrika verbracht hat, daß er mithin insgesamt hier ca. 9—10 Monate weilte, nämlich etwa von Ende Mai 128 bis zum März 129, daß er um den 1. April 129 nach Rom zurückkam und sogleich darauf nach Erledigung der nötigsten Geschäfte, sowie vermutlich nach der Dedikation des 'templum Romae et Veneris' am 21. April²⁰⁴), das wäre nach etwa 4—6 Wochen, zu seiner zweiten großen Reise nach dem Osten, zunächst nach Athen, aufbrach.

Ich hebe in dem Folgenden nur die Hauptphasen der zweiten großen Hadrianischen Reise hervor; bereits hieraus wird sich ergeben, daß das historische Exzerpt der Vita zwar kurz, aber zuverlässig im wesentlichen gerade den Hauptsachen seine Aufmerksamkeit zugewandt hat.

203) Und an die genaue Interpretation der Worte unserer Überlieferung müssen wir uns halten, wollen wir nicht den sicheren Boden unter den Füßen verlieren; wie viel mehr noch sind wir bei einem Autor dazu verpflichtet, der wie unser sachlich-historischer Gewährsmann sich gerade vor allen anderen durch die Präzision und Exaktheit des Ausdruckes nachgewiesenermaßen auszeichnet!

204) Ich folge hierbei durchaus den Erörterungen von Dürr a. a. O. S. 28 ff. über die Annahme des Titels 'pater patriae' durch Hadrian. Ich glaube, daß Dürr so gut wie erwiesen hat, daß der Kaiser Hadrian am 21. April 129 anläßlich der persönlich vorgenommenen Dedikation des Tempels den Titel angenommen hat, sowie daß er bald darauf, spätestens nach weiteren 2—3 Wochen, abgereist ist. — Ich hebe noch hervor, daß mir bis jetzt kein einziger Grund bekannt ist, warum Hadrian den Winter nicht hätte in Afrika verbringen sollen oder können. Das von Ulpianus uns wörtlich überlieferte Protokoll des SC Iuventianum (vgl. Dürr a. a. O. S. 32) zeigt, daß der Princeps am 3. März 129 den schriftlichen Antrag an den Senat hatte abgehen lassen, welcher am 14. März von demselben „auf Vortrag der Konsuln zum Beschluß erhoben" wurde. Die Verschiedenheit der Daten muß den unbefangenen Beurteiler stutzig machen. Dürr meint, sie möge „daher rühren, daß wohl auf eigenen Wunsch des Kaisers sein Antrag am 3. März ausgefertigt, doch erst bei der nächsten ohnehin abzuhaltenden Senatssitzung zur Verlesung und Abstimmung gebracht wurde". Das ist an sich nicht unmöglich; nach dem Gange unserer Untersuchung wird es indes richtiger sein, eben diese Verschiedenheit der Datierung zum Beweise für unsere Annahme heranzuziehen, indem wir die Vermutung aussprechen, sie komme daher, daß Hadrian eben in der Zeit zwischen dem 3. und 14. März in Rom eingetroffen ist, der Antrag also von ihm auf der Reise oder noch in Afrika ergangen, die Beschlußfassung bis nach dem bereits festgesetzten und unmittelbar bevorstehenden Termine seiner Rückkehr verschoben worden ist. — Vielleicht waren übrigens 128 in Afrika neue Unruhen erfolgt; vgl. dazu Schiller a. a. O. I 2, S. 611 f.

Ende April oder Anfang Mai des Jahres 129 ist der damals 53jährige Kaiser in Beleitung seiner Gemahlin Sabina[205]), jetzt der „Augusta", des Ceionius Commodus und seines Lieblings Antinoos von Rom aufgebrochen und über Sparta[206]) im Juni dieses Jahres nach Athen gelangt. Hier ist der Princeps bis zum Oktober desselben Jahres geblieben und hat die Werke der Vollendung entgegengeführt, welche er während seines ersten Besuches der Stadt 125/6 hatte in Angriff nehmen lassen, so vor allem den seit Jahrhunderten unvollendet gebliebenen Prachtbau des Olympieions[207]). Auf die gleiche Weise[208]) seine Neigung für hellenisches Wesen und hellenische Kunst überall durch die Taten seiner kaiserlichen Huld beweisend ist der Herrscher durch Kleinasien gezogen; in den Griechenstädten hat er die gelegentlich seines ersten Aufenthaltes in denselben begonnenen Bauwerke, so besonders die 'templa sui nominis', eingeweiht. Es muß aus dieser Stelle der sachlichen Epitome der Vita geschlossen werden, daß Hadrian bei seiner zweiten Reise im wesentlichen diejenigen griechischen Punkte Kleinasiens berührt hat, wo er während seiner ersten Reise geweilt und die Anregung zu der umfangreichen Bautätigkeit gegeben hatte, deren Resultate er nunmehr an den verschiedensten Orten selbst in Augenschein nehmen und ihnen die letzte, höchste Weihe geben konnte. Es ließen sich mithin vielleicht aus der Route des zweiten kaiserlichen Zuges, die hauptsächlich der Südküste entlang gegangen ist und sich im einzelnen mit größerer Bestimmtheit als die des ersten nachweisen läßt[209]), einige wertvolle Rückschlüsse auf die letztere machen, eine Untersuchung, die im Rahmen dieser Arbeit allerdings zu weit führen würde. Schließlich ist Hadrian durch Kappadokien, das er auch auf seiner ersten Reise

205) Siehe oben S. 62 f.
206) Der Beleg bei Dürr a. a. O. S. 60. Die Inschrift ist höchstwahrscheinlich auf Hadrian zu beziehen.
207) Vgl. C. Wachsmuth, Die Stadt Athen im Altertum, I S. 686 ff.; siehe ferner noch Dürr a. a. O. S. 44 f., besonders Anm. 202, zweiter Absatz; vgl. dazu ebd. den Nachtrag auf S. 124, sowie die im Bull. de Corr. Hellén. VII S. 406 f. mitgeteilte Inschrift „datée de la treizième puissance tribunitienne de Hadrien, et écrite à Laodicée du Lycus"; aus ihr geht für mich besonders hervor, daß es sich bei dem Besuche von Ephesos im Herbste 129 nicht nur um einen größeren Abstecher von Athen aus gehandelt haben kann. So ist der zweite Aufenthalt Hadrians in Athen verhältnismäßig kurz gewesen (Juni--Oktober 129); das erhellt auch aus der Fassung des sachlichen Exzerptes der Vita c. 13, 6: „statim ad orientem profectus per Athenas iter fecit".
208) V. 13, 6 „eodemque modo".
209) Wie Dürr a. a. O. S. 60 ff. gezeigt hat.

besucht hatte²¹⁰), gezogen und hat darauf in Samosata²¹¹) die Toparchen und Könige des Ostens zu einer großen Konferenz vereinigt, zu welcher ebenfalls eine Einladung an den Partherkönig Chosroes²¹²) erging, dem der Kaiser eine Tochter, die dereinst Traian gefangen genommen hatte, zurückschickte und ihm die Übersendung des Königsthrones versprach, der zu jenen Zeiten gleichfalls in die Hände der Römer gefallen war. Mit der äußersten Strenge ist Hadrian überall gegen die Prokuratoren und Statthalter der Provinzen verfahren, so vielleicht am nachdrücklichsten für das Wohl der Provinzialen sorgend²¹³).

Am 23. Juni 130 finden wir den Herrscher in Antiocheia, wo er den Syrern ein großartiges Fest gegeben hat²¹⁴). Indes muß unmittelbar darauf — vielleicht durch Vorgänge im Anschlusse an dieses Fest, wie ähnliches ja nicht allzu selten geschehen ist — der Kaiser von den Antiochensern auf das äußerste gereizt worden sein, da er in seiner Erbitterung die Absicht gehegt hat, Syrien von Phönizien zu trennen, damit Antiocheia nicht mehr die Metropole so vieler Staaten genannt werden könne²¹⁵). Nach V. 14, 2 werden wir mit Sicherheit den Ausbruch des großen jüdischen Krieges in den Sommer 130 setzen müssen; denn die Notiz desselben fällt in die Zeit des

---

210) Siehe S. 67 f.

211) Was mindestens mit großer Wahrscheinlichkeit aus der Lage des Ortes wie der Inspektion des 'exercitus Parthicus' (Eckhel VI 500) zu erschließen ist, unter dem im Gegensatz zu dem 'exercitus Cappadocicus' in Melitene die in Samosata stationierte legio XVI Flavia firma zu verstehen ist. Siehe Dürr S. 61 f.

212) V. 13, 8 nennt ihn Osdroes.

213) In den beteiligten vornehmen Kreisen Roms wurde natürlich sofort die Meinung verbreitet, Hadrian begünstige selbst das Delatorenunwesen zu diesem Zwecke. Die kurze sachliche Bemerkung hierüber V. 13, 10 (vgl. S. 70) ist um so interessanter, als ihr von biographischer Seite das V. 11, 4—7 Berichtete entspricht, dessen „frumentarii" mit den „accusatores" 13, 10 parallel zu setzen sind. Also nimmt unser Historiker wieder einmal auf die ihm wohlbekannte biographische Entstellung Bezug.

214) Nachweis bei Dürr a. a. O. S. 62, Anm. 345.

215) V. 14, 1. Das „ita odio habuit" des sachlichen Gewährsmannes ist abermals ein Beleg für seine Unbefangenheit der Persönlichkeit Hadrians gegenüber. Dürrs Auffassung S. 62, Anm. 345: „das Motiv, das der beabsichtigten Maßregel Hadrians untergelegt wird, ist wohl nur böswilliges Gerede oder pragmatische Reflexion des MM, der hier Spartians Gewährsmann ist", gehört mit in den Kreis seiner leider fast völlig verfehlten Quellenanalyse der Vita Hadriani c. 5—14.

Aufenthaltes in und bei Antiocheia²¹⁶). Vermutlich von Antiocheia aus hat Hadrian den Berg Casius, der etwa 40 km südwestlich von dieser Stadt am Gestade des Meeres gelegen ist, besucht. Der Aufstieg ist bei Nacht unternommen worden, da der Princeps von dem Berggipfel aus das Schauspiel des Sonnenaufgangs zu genießen beabsichtigte²¹⁷). Hier ist er beim Opfer von einem Hochgewitter überrascht worden, das von einem Wolkenbruch begleitet gewesen sein muß. Dabei traf ein Blitzstrahl Opfertier wie Opferdiener²¹⁸). Nach V. 14, 3 ist ersichtlich ein großer Teil des ursprünglichen Textes weggelassen worden; wir vermögen daher nicht mehr zu erkennen, in welche Beziehung der sachliche Autor das unheilverkündende Vorzeichen gebracht hat, ob in eine solche zu dem unmittelbar vorher erwähnten verheerenden Judenkriege oder zu dem nahe bevorstehenden Untergang der Antinoos. Der weitere Zug des Kaisers durch Kölesyrien, und zwar über Palmyra²¹⁹) und dann natürlich über Damaskus, sowie durch Palästina ist in dem Exzerpte Spartians nicht erwähnt, jedoch durch die Worte 14, 4 „peragrata Arabia" vorausgesetzt²²⁰). Da Hadrian unzweifelhaft in Petra gewesen ist, so läßt sich in Anbetracht dessen, daß er es kaum versäumt haben wird, der interessanten Nordostecke des nahen Roten Meeres²²¹) einen Besuch abzustatten, nach den angeführten Worten der Vita annehmen, daß er von Petra südlich bis zum Älanitischen Meerbusen gezogen ist und von dort seinen Weg quer durch die Wüste zunächst auf der Straße nach Phara, darauf rechts (d. i. nordwestlich) von ihr abbiegend direkt auf Pelusium zu genommen hat oder aber der Straße folgend über Arsinoe und von hier der Richtung des heutigen Suezkanals etwa entlang über Serapeum und Magdolum nach Pelusium gekommen

---

216) Es heißt ausdrücklich „ea tempestate". Die Kürzung des Epitomators wird immer intensiver. Hinter § 2 ist etwas gänzlich ausgefallen; das „sed" am Anfang des § 3 ist daher unverständlich.

217) Vgl. V. 13, 3.

218) Die Aufführung des Omens gehört in den S. 10, besonders Anm. 16, gekennzeichneten Anschauungskreis der Zeit des zweiten und dritten nachchristlichen Jahrhunderts, dem eben auch unser Historiker angehört hat. Demzufolge hat die Mitteilung des Vorzeichens an dieser Stelle einen ganz bestimmten Zweck gehabt; vgl. oben im Text.

219) Dürr a. a. O. S. 62, Anm. 348.

220) Durch Münzen bestätigt; siehe Dürr S. 63, Anm. 356.

221) Die Entfernung von Petra bis ebendahin beträgt höchstens 110 km Weges, das wären kaum zwei mäßige Tagesreisen. Zu der Geschwindigkeit des kaiserlichen Zuges vgl. S. 79 ff.

ist²²²). In der Nähe der Stadt hat der Herrscher auf dem Vorgebirge Casium das Grabmal des Pompeius besucht und prächtig erneuert. Von hier ist er sodann durch das Delta nach Alexandreia gereist, wo er vermutlich nicht allzu lange nach dem 29. August 130 eingetroffen sein muß²²³). Wir befinden uns wohl in der zweiten Hälfte des September. Jetzt ist der Kaiser mit seinem Gefolge den Nil aufwärts nach Oberägypten zu gefahren. An der Südgrenze der Heptanomis, Hermupolis gegenüber, unter ca. 27° 45′ n. Br., hat der Liebling Hadrians, der griechische Jüngling Antinoos am 30. Oktober 130 in den Fluten des Stromes seinen Untergang gefunden. Der Eindruck des Unglücksfalles auf den alternden Herrscher ist ein überwältigender gewesen; auch der sachliche Autor kann sich eines scharf tadelnden Ausdruckes dafür nicht enthalten²²⁴). Wir werden in dem Tode des Antinoos mit Recht das entscheidende Moment für die unheilvolle Umdüsterung des kaiserlichen Gemütes sehen, die ihre schweren Schatten auf die letzten Lebensjahre Hadrians geworfen hat. Leider bricht mit ihm auch das sachliche Exzerpt der Vita plötzlich ab; wir erfahren aus der Feder unseres Autors nicht das Geringste mehr über den weiteren Verlauf der Reise des Princeps²²⁵).

Über den Untergang des Antinoos und seine Folgen berichtet Dio-Xiphilinus c. 11, 2—4 ziemlich ausführlich, wenn auch dadurch nicht besser, daß sich seine Erzählung zu einem Teile mit dem biographischen Klatsch der Vita c. 14, 6—8a deckt. Nach § 2 des Dio steht fest, daß Hadrian in seiner Autobiographie angegeben hat, Antinoos sei in den Nil gestürzt und in ihm ertrunken ... Es ist nicht richtig, die Notiz des sachlichen Gewährmannes der Vita als aus der Autobiographie entnommen hinzustellen: Hadrian hat ausdrücklich hervorgehoben, daß es sich um einen Unglücksfall gehandelt habe, der Autor aber tut das nicht, er stellt einfach die Tatsache fest, daß Hadrian seinen Liebling während der Fahrt auf dem Nilstrom verloren habe, und seinen unmäßigen Schmerz: weiter jedoch nichts.

---

222) Eine andere Möglichkeit, von Petra nach Pelusium zu kommen, ist der schwierige Weg mitten durch die Wüste über Lysa nach der Grenze der Casiotis. Höchst unwahrscheinlich ist vollends die Annahme, daß Hadrian sich von Petra wieder zurück nach Palästina gewandt habe und durch Idumäa, das in der Richtung von Osten nach Westen im übrigen auch keine eigentlichen Straßen aufwies, die große Heeresstraße von Gaza nach Pelusium in der Nähe der Küste zu gewinnen gesucht habe.

223) Eckhel VI 488 ff.

224) „Quem muliebriter flevit" 14, 5.

225) Vgl. zu ihm Dürr a. a. O. S. 64 ff. und unten S. 81.

Gleichwohl werden wir m. E. nicht dazu berechtigt sein, das Zeugnis Hadrians zu verwerfen: denn erstens ist es das wahrscheinlichste, daß Antinoos' Tod ein zufälliger war, zweitens aber würde derselbe Hadrian, der für Antinoos' Andenken so unendlich viel getan hat, wie auch Dio seinerseits berichtet, daß ihm selbstverständlich der wohlfeile Spott der Zeitgenossen nicht erspart blieb (§ 4), kaum es verschwiegen haben, wenn sich sein Liebling ihm wirklich zum Opfer gebracht hätte, mußte er doch bei dem vorherrschenden Aberglauben damit rechnen, daß in diesem Falle die ungewöhnlichen Ehrungen des Antinoos durch den Kaiser ein bereitwilligeres Verständnis gefunden hätten[226]). Dio behauptet § 2, daß Antinoos der Lustknabe Hadrians gewesen sei, der sachliche Autor sagt nur: „Antinoum suum ... perdidit". Wir können hier mit ziemlicher Gewißheit einmal einen Schluß ex silentio machen: der Historiker der Vita hat den Antinoos nicht als den Lustknaben des Kaisers hingestellt; denn hätte er das getan, so würde natürlich Spartian voller Freuden dies Wort mit in seine Epitome übernommen bez. der Schlußredaktor, der bald darauf in der Vita seine Hand im Spiele gehabt hat[227]), es stehen gelassen haben. Wäre das doch gerade etwas gewesen, das dem Geschmacke beider „Schriftsteller" besonders entsprach. Nehmen wir hinzu, was wir schon über die hohe Auffassung Hadrians von seiner sittlichen Verpflichtung als Herrscher wissen[228]), so können wir zwar auch jetzt noch nicht sagen: „Antinoos ist bestimmt nicht des Kaisers Lustknabe gewesen", aber wir müssen feststellen, daß die vielmals größere Wahrscheinlichkeit dafür spricht, daß Hadrians Verhältnis zu dem schönen bithynischen Jüngling mit den wunderbaren Augen ein reines gewesen ist, als daß dasselbe fleischliche Begierlichkeit getrübt hat. —

V. 13, 5 heißt es: „nec quisquam fere principum tantum terrarum tam celeriter peragravit". Ich habe es S. 70 als wahrscheinlich hingestellt, daß diese Worte keiner späteren Reflexion entsprungen sind, sondern auf die sachliche Quelle der Vita zurückführen. Eine ähnliche Bemerkung befindet sich bei Dio c. 5, 3: „πολλὰς (sc. πόλεις)

---

226) Was soll eigentlich das Dionische (§ 3) „ἑκουσίου γὰρ ψυχῆς πρὸς ἃ ἔπραττεν ἐδεῖτο" heißen? Kann man auf etwas derartiges überhaupt eine geschichtliche Darstellung irgendwie aufbauen, wie das noch Dürr a. a. O. S. 64 getan hat? Das ist einfach spezifisch biographisch-unklares Gefasel.

227) Vgl. unten S. 84 ff.

228) Siehe S. 62 f. — Vgl. hierzu auch in anderer Beziehung das schöne authentische Wort Hadrians (V. 8, 3): „ita se rem publicam gesturum, ut sciret, populi rem esse, non propriam"; oben S. 43, vgl. auch unten S. 116.

μὲν γὰρ καὶ εἶδεν αὐτῶν, ὅσας οὐδεὶς ἄλλος αὐτοκράτωρ, πάσαις δὲ ὡς εἰπεῖν ἐπεκούρησε..." Es wäre verfehlt, daraus einen Schluß auf ein und dieselbe Quelle beider Exzerpte ziehen zu wollen, da eine derartige Bemerkung an und für sich bei der außergewöhnlichen Erscheinung der Reisen Hadrians nahe genug lag. Wieder aber beweist die Bemerkung des Historikers der Vita eine Dio überlegene Einsicht. Bei ihm liegt der Nachdruck nicht sowohl auf dem „tantum terrarum", als vielmehr auf dem „tam celeriter": daß diese Worte als Einleitung zu der zweiten großen Reise gesagt sind, ist nicht zufällig, sondern beabsichtigt, wie fast alles bei dem sachlichen Autor: **Hadrians zweite Reise zeichnet sich vor allem in ihrem dritten Abschnitte (Antiocheia-Ägypten) durch die geradezu einzigartige Schnelligkeit des kaiserlichen Zuges aus.** Ich nehme zunächst an, daß Hadrian sich Anfang März 129 noch in Afrika befand, Ende April dann von Rom aufbrach und über die Peloponnes im Juni nach Athen kam. Hier ist er, wie dargelegt[229]), bis zum Oktober geblieben. Dann finden wir den Herrscher in Ephesus und Laodicea am Lycusflusse, am 23. Juni ist er bestimmt[230]) in Antiochien anwesend gewesen. In der Zwischenzeit ist er vermutlich besonders der Südküste Kleinasiens entlang bis an den Golf von Issos[231]), von da nach Kappadokien (Melitene) und Samosata gezogen, überall eine großartige Tätigkeit entfaltend[232]). Überraschend schnell ging die Reise von Antiocheia nach Ägypten von statten. Frühestens wird Hadrian nach dem 1. Juli von Antiochien aufgebrochen sein: spätestens ist er Anfang September in Pelusium angekommen.[233]) Wir haben also höchstens mit einer Spanne Zeit von einigen 60 Tagen zu rechnen: auf dieselbe entfällt die Bewältigung einer Entfernung von mindestens 1300 km = ca. 20 km pro Tag. Mögen diese Zahlen auch nur ungefähre Schätzungswerte sein, das eine erhellt aus ihnen mit Gewißheit, daß auf die außergewöhnliche Schnelligkeit dieses Teiles der Reisen des Kaisers mit Recht von dem sachlichen Gewährsmanne der Vita aufmerksam gemacht worden ist, und daß dieselbe in dem Gesamtmittel sicher nicht viel unter 20 km pro Tag betragen haben

---

229) S. 75.   230) S. 76.
231) Eine etwaige Digression nach Cypern ist gar nicht in Betracht gezogen worden; vgl. Dürr a. a. O. S. 61.   232) S. 75 f.
233) Vgl. auch S. 77 f. Daß die Reise des Herrschers in dem Wunderlande Ägypten nicht mehr mit der vorherigen Hast vor sich gegangen ist, bedarf wohl keiner längeren Erörterung; etwa 7—8 Wochen von Pelusium bis zu dem Todesorte des Antinoos sind gewiß eher zu niedrig als zu hoch gegriffen.

kann, alle Aufenthalte, Verhandlungen, Inspektionen, Neuordnungen, Festlichkeiten etc. miteingerechnet. —
Dürr hat a. a. O. S. 65 behauptet, daß „nach Dios durchaus zuverlässigem, ohne Zweifel auf Hadrians Autobiographie zurückgehendem Berichte" der Judenaufstand ausgebrochen sei, „nachdem Hadrian, von Ägypten nach Syrien zurückgekehrt, letztere Provinz, vermutlich um nach Europa zu reisen, verlassen hatte". Da Hadrian nach dem Tode des Antinoos in der zweiten Hälfte des November 130 in Theben gewesen ist und während der ersten Monate von 131 sich in Alexandria aufgehalten hat, so würden wir nach Dio c. 12, 2 den Beginn der jüdischen Insurrektion in den Sommer 131 zu versetzen haben, das ist über ein Jahr später, als wir S. 76f. annehmen zu müssen glaubten. Geht Dios Bericht wirklich auf die kaiserliche Autobiographie zurück, wie nach c. 14, 3 sehr wahrscheinlich ist, so ließe sich das mit der bestimmten sachlichen Notiz der Vita c. 14, 2 schließlich doch noch in eine Art Verbindung bringen. Dio gibt c. 13, 1 zu: „καὶ τὸ μὲν πρῶτον ἐν οὐδενὶ αὐτοὺς λόγῳ οἱ Ῥωμαῖοι ἐποιοῦντο". Wenn die Empörung also wirklich erst nach der Entfernung Hadrians von Syrien im Jahre 131 ausgebrochen wäre und die Römer in der ersten Zeit auf sie keinerlei Bedacht genommen haben, wo hat dann eigentlich den Kaiser die Nachricht von dem Ernste der Lage erreicht? Es müssen in diesem Falle doch allerwenigstens mehrere Wochen, ja Monate verflossen sein, ehe die Römer nach dem Beginne des Aufstandes dessen Gefährlichkeit erkannt haben: ist ferner anzunehmen, daß diese Erkenntnis sofort in dem vollsten Umfange eintrat, so daß Hadrian auf den ersten Bericht hin sich zur Umkehr aus einem gewiß schon recht weit von dem Kriegsschauplatze entfernten Gebiete hätte genötigt gesehen? Eine weitere Erwägung kommt hinzu: es muß Hadrian selbstverständlich viel daran gelegen haben, es nicht in Rom und dem Reiche erfahren zu lassen, daß die Anfänge des jüdischen Krieges, der nach Dios eigenem Geständnis c. 13, 2 fast das ganze römische Reich erschütterte, gerade in die Zeit gefallen waren, wo er selbst in diesen Gegenden weilte, daß es im Grunde seine Verfügungen und Anordnungen hauptsächlich gewesen waren, die den entsetzlichen Kampf hervorgerufen hatten[234].... Deswegen hat der Herrscher mit

---

[234] V. 14, 2 ist als Grund des Krieges das Verbot der Beschneidung, das der Princeps vermutlich von Antiocheia aus erlassen hatte, mitgeteilt. Die rabbinische Bestätigung davon findet sich bei Derenbourg, Histoire de la Palestine, S. 419 f., 430. Dio weiß nichts darüber, sondern nennt c. 12, 1 als die Gründe der Rebellion die Errichtung der Stadt Aelia Capitolina an Stelle

Nachdruck betont (c. 12, 2), daß die Autorität seiner Persönlichkeit die Juden bis zu seiner Entfernung niedergehalten habe, dann erst sei die offene Empörung ausgebrochen. Da endlich eine exakte sachliche Notiz, wie ich in dieser gesamten Arbeit zur Genüge gezeigt zu haben glaube, für unsere historische Erkenntnis meist von der größten Bedeutung ist und nicht einfach fallen gelassen werden kann, so werden wir eben nach einer genaueren Erwägung der Verhältnisse trotz der gegenteiligen Dionischen Behauptung mit V. 14, 2 rechnen müssen: der Beginn der jüdischen Insurrektion fällt in den Sommer des Jahres 130, nicht ein volles Jahr später[235]); sie wurde von den Römern zuerst gar nicht, dann nicht gebührend beachtet, so daß Hadrian noch im Sommer 131 nach seinem zweiten Aufenthalt in Syrien das Land unbedenklich verlassen zu können meinte. Auf die Nachricht von seiner Entfernung ist sodann wahrscheinlich der Aufstand derart gefahrdrohend in hellen Flammen emporgelodert[236]), daß der Kaiser seine Reise unterbrechen und wenn auch nicht den Oberbefehl, so doch die Oberaufsicht des Krieges übernehmen mußte[237]). Dieser Zeitpunkt hat offiziell als der Beginn des eigentlichen jüdischen Krieges gegolten[238]).

des zerstörten Jerusalem, sowie den Bau eines Jupitertempels an der des alten Jehovatempels. Dio und die Vita ergänzen sich hier gegenseitig.

235) Nach Euseb.-Hieron., Chron., p. 167 u. 169, zum Jahre Abrahams 2148 u. 2150 (cf. Hist. eccl. IV 6) brach die Rebellion im Jahre 132 aus. Da sie Anfang 134 in der Hauptsache beendet war (Anfang Mai dieses Jahres ist der Princeps wieder in Rom!), so erhielten wir hiermit eine Gesamtdauer von kaum zwei Jahren. Die Erhebung hat indes nachweislich über drei (nach Hieron. in Dan. 9 3½ Jahre) gedauert, eben vom Sommer 130 bis zum Beginn des Jahres 134. Das Nachspiel mag sich vielleicht noch einige Monate hingezogen haben. — Vgl. auch Schiller a. a. O. I 2, S. 612 ff.

236) So läßt sich vielleicht auch Dios Nachricht erklären.

237) Dio hat c. 14, 4 den unfähigen Ti. Severus mit dem berühmten Feldherrn S. Iulius Severus, dem früheren Statthalter von Britannia, verwechselt, der die Empörung niederschlug. Sein Irrtum ist um so bedenklicher, als er ihn bei Gelegenheit eines bithynischen Exkurses, wo er doch am allerehesten hätte Bescheid wissen sollen, begeht; vgl. Euseb., Hist. eccl. IV 6, 1 - 3.

238) Auch außer den beiden nicht miteinander zu vereinbarenden Stellen c. 12, 2 u. 13, 1, sowie dem Anm. 237 besprochenen Lapsus c. 14, 4 finden sich in dem Berichte Dios Widersprüche. So schließt die Darstellung in c. 12 u. 13 wirkliche Feldschlachten und bedeutende Ausfälle direkt aus; c. 14, 1 heißt es hingegen, daß 580000 (!) Mann von seiten der Juden „$\dot{\epsilon}\nu$ τε ταῖς καταδρομαῖς καὶ ταῖς μάχαις" umgekommen seien, von allen anderen Verlusten derselben zu geschweigen. Ist das, um mit Dürr zu reden (oben S. 81), ein „durchaus zuverlässiger Bericht"? —

Zu der Frage der Gründung der Militärkolonie Aelia Capitolina und dem Baue des Jupitertempels hat sich bisher am besten Schiller[239]) geäußert. Dürrs Annahme[240]), sie falle bereits in das Jahr 117 gleich nach der Regierungsübernahme Hadrians, ist m. E. unhaltbar: denn „jedenfalls wird der Neubau der Stadt erst im Anfange gewesen sein, als der Aufstand ausbrach; denn dieser suchte jedenfalls die Entweihung des heiligen Bodens zu hindern"[241]). Da es nach unserer Auffassung wahrscheinlich ist, daß Hadrian von Antiocheia das Verbot der Beschneidung etwa Ende Juni 130 erlassen habe[242]), so dürften wir vielleicht auch die Hypothese aufstellen können, daß in derselben Zeit die ersten Schritte zu der Gründung der neuen Stadt erfolgt seien, — die Kürze des Epitomators hätte dann einfach die betreffenden sachlichen Mitteilungen ausgeschaltet und zufällig nur des Verbotes der Beschneidung Erwähnung getan. Möglicherweise hat Kaiser Hadrian darauf bei seinem Zuge durch Palästina, der in die zweite Hälfte des Juli bez. die erste des August 130 zu setzen ist, den bereits vorgeschrittenen Bau besichtigt und weitere Anordnungen für denselben gegeben, ganz ähnlich, wie er es dereinst bei seiner ersten großen Reise an dem Rhein-Donaulimes getan zu haben scheint[243]). —

Zum Schlusse dieses umfangreichen Kapitels wird es angezeigt sein, gleichsam nachtragsweise noch einmal, von der Erörterung weiterer historischer Fragen absehend, die ja bisher keineswegs erschöpfend behandelt sind, unser Augenmerk auf das Verhältnis des sachlich-historischen Gewährsmannes der Vita zu der Autobiographie Hadrians zu richten. Ich brauche hierzu nach dem Abschlusse dieser

---

Ich möchte hierbei noch kurz darauf aufmerksam machen, daß wenigstens die Erzählung des Xiphilinus sich keineswegs mehr in der richtigen zeitlichen Ordnung befindet, wenn auch Dio selbst nach der Bemerkung in c. 8, 3 teilweise eine chronologische Disposition der Ereignisse befolgt hat. Am auffallendsten ist, daß der Aufenthalt Hadrians in Athen nach dem jüdischen Kriege vorgetragen wird, so daß es den Anschein gewinnt, als wenn c. 11, 1 von einem anderen Besuche des Herrschers in dieser Stadt als c. 16, 1—2 spräche; vgl. dazu richtig Dürr a. a. O. S. 44 ff. Ebenso gehört das gesamte Kapitel 15 eigentlich nicht vor die Rückkunft Hadrians nach Rom, die erst 16, 3 nachschleppt. Hiernach sind die Worte von Boissevain in seiner Ausgabe des Dio Cassius III S. 235 zu 8—12 zu berichtigen, da sie in dieser Fassung in dem Leser die Meinung erwecken müssen, sonst sei in dem Exzerpte des Xiphilinus alles in der schönsten chronologischen Ordnung.

239) A. a. O. I 2, S. 612 f., besonders Anm. 6.
240) A. a. O. S. 16.   241) Schiller ebd.   242) Siehe S. 81 f., Anm. 234.
243) Vgl. S. 61 f.

Untersuchungen nicht mehr irgend welche Polemik gegen frühere Anschauungen zu führen[244]); denn es ist wohl nach unseren Auseinandersetzungen bis zur Evidenz klar geworden, daß die kaiserliche Autobiographie nicht die Hauptquelle für die Schilderung der zweiten wie der ersten Reise durch unseren Anonymus sein kann. Ich verweise hierzu nur auf Stellen wie c. 13, 10; 14, 2 oder 14,5; man denke ferner zurück an das „ut dicitur" c. 13, 3[245]), an c. 12, 1, an c. 11, 3 u. a. m. Man erinnere sich endlich an unsere Untersuchung über die Quellen des Berichtes der Militärreorganisation Hadrians bei Spartian und Dio[246]). Das Urteil, welches ich auf S. 45 für die Vorgeschichte und die erste Regierungszeit des Herrschers ausgesprochen habe, hat sich somit im vollsten Umfange auch für die weiteren Abschnitte des Werkes des sachlichen Autors bestätigt[247]): Hadrians Autobiographie ist von dem Historiker der Vita zur Ergänzung im Faktischen als Quelle herangezogen worden, **die** Quelle seiner Geschichtsdarstellung ist sie nicht.

# V

## Die Komposition der Vita Hadriani c. 14, 8 b — 17, 12

Eine mit „fuit" eingeführte Charakteristik Hadrians ist uns an der Stelle des weiteren sachlichen Reiseberichtes und der Schilderung des jüdischen Krieges, die wir nach dem biographischen Passus c. 14, 6—8a erwarten sollten, überliefert oder — wie wir bald werden sagen können — untergeschoben worden.

„Fuit enim poematum et litterarum nimium studiosissimus": Das nimium studiosissimus ist bezeichnend; es leitet eine Periode der Superlative und Übertreibungen in der Vita ein, die wir gleich einmal im Zusammenhange bis zum Schluß von c. 17 verfolgen wollen[248]).

---

244) So vor allem nicht gegen Dürrs fast ganz verfehlte Quellenanalyse von c. 5—14 a. a. O. S. 73 ff. oder gegen Müller bei Büdinger, Untersuchungen zur römischen Kaisergeschichte III S. 33 ff. oder gar gegen Perino.

245) Man müßte schon sehr künsteln, wollte man diese Bemerkung in der Autobiographie unterzubringen versuchen; hat die Bergbesteigung in ihr überhaupt gestanden, so wird auch verzeichnet gewesen sein, wie der Sonnenaufgang war, nicht aber, wie das Gerede davon geht.

246) S. 58 ff. 247) Vgl. z. B. S. 61, Anm. 155 zu c. 13, 1.

248) Die Häufung der Superlative ist schon von Perino a. a. O. S. 17 f. bemerkt worden, der sich mit eigener Schärfe so ausdrückt: „quae propositi mutatio ut, quamvis lenis sit transitus, nonnisi somniantem lectorem effugere

c. 14 § 8 nimium studiosissimus;
§ 9 peritissimus — nimius;
§ 10 peritissimus — scientissimus;
§ 11 semper in omnibus varius;
c. 15 § 2 amicissimos — summis;
§ 5 famosissimis;
§ 10 promtissimus — in omnibus artibus peritissimus — omnium artium — risit, contempsit, obtrivit;
§ 12 iocundissimum [249]);
c. 16 § 2 obscurissimos;
§ 8 musicis, tragicis, comicis, grammaticis, rhetoribus, oratoribus;
§ 10 in summa familiaritate — grammaticos, rhetores, musicos, geometras, pictores, astrologos;
c. 17 § 2 equos, mulos, vestes, sumptus et omnem ornatum semper;
§ 4 plurimis — etiam ultimis;
§ 5 omnes — (cum omnibus);
§ 8 iactantissimus — (omnia);
§ 9 (nunquam);
§ 10 plurimum;
§ 11 ingentia;
§ 12 ingentia.

Betrachten wir den Inhalt und die Tendenz des Abschnittes, so ergibt sich folgendes. 14, 8b—10 ist eine der gewöhnlichen „fuit"-Charakteristiken, die des öfteren auch in den anderen Viten vorkommen [250]), oberflächlich und ohne inneren Zusammenhang eine Menge einzelner Züge nebeneinander stellend und von denkbar geringster historischer Bedeutung. Anders 14, 11:

„idem severus laetus, comis gravis, lascivus cunctator, tenax liberalis, simulator simplex, saevus clemens et semper in omnibus varius".

Fürwahr eine bemerkenswerte Charakteristik und von ihrem Standpunkte aus keine schlechte einer so komplizierten und seltsamen Natur wie der Hadrians gegenüber, unstreitig mit einem gewissen nicht zu

---

potest, ita nemo non animadvertit huius novi fontis proprietatem in principio excerpti maxime conspicuam, dico cumulum superlativorum".

249) Man vergl. c. 11, 5 „unde non iniocundum est rem ·..ercre" und das dazu auf S. 54 Ausgeführte. Siehe unten S. 88.
250) So z. B. V. Pert. c. 12, 1; vgl. meine „Beiträge" S. 15 f. S. noch S. 107.

überschenden, auch historisch verwertbaren psychologischen Bodensatz. Dem hier verfolgten Prinzipe ist in der Hauptsache die Darstellung in c. 15—17 untergeordnet; 14, 11 ist gewissermaßen das in scharfen Antithesen aufgestellte Programm, c. 15—17 die Ausführung desselben im einzelnen. So zeigt diese Betonung der Gegensätze in des Kaisers Tun und Lassen besonders auffallend c. 15, 1—9; 15, 10; 16, 8; 16, 9 und 17, 1.

Es kann überhaupt keinem Zweifel unterliegen, daß der gesamte Abschnitt c. 14, 8b—17, 12 ausschließlich auf ein und dieselbe Quelle zurückgeht[251]). Wir haben dafür außer all dem soeben dazu Angeführten noch einige ganz spezielle Kriterien. Ja, wir werden hier sogar in der seltenen Lage sein, einmal von dem biographischen Material sagen zu können, von welchem Autor es stammt und durch wen es in die Vita, so wie sie uns jetzt vorliegt, gebracht worden ist. Dem Ausdrucke „iactatio" 16, 6 entspricht 17, 8 „iactantissimus"[252]); dem „iocundissimus" 15, 12 der „iocus" 17, 6[253]). Auch die bekannten biographischen Kennzeichen fehlen nicht:

c. 15 § 12 quondam;
c. 16 § 1 dicuntur[254]);
§ 10 ut multi adserunt;
c. 17 § 6 quodam tempore veteranum quendam;
§ 10 a plerisque — a nonnullis;
§ 11 multis.

Noch ist auf 16, 9 „dicebat" hinzuweisen, das sich der Art des sachlichen Autors, auf Hadrians Aussprüche Bezug zu nehmen, nähert; vgl. c. 5, 3; 11, 3. Indessen ist das lediglich eine zufällige Erscheinung, da gerade c. 16, 9 die Berechtigung der biographischen Charakteristik c. 14, 11 im speziellen darzulegen sucht[255]).

Versuchen wir einmal eine Frage zu beantworten, die wir sonst bei der Erörterung des biographischen Materials gewöhnlich nicht aufzuwerfen pflegen: Auf welche Primärquelle führt der Abschnitt

---

251) Perino a. a. O. hat c. 14, 6—16, 6 u. 17, 6—12 auf einen „ignotus scriptor", 16, 7 auf MM, 17, 1—5 auf seinen „historicus aulicus" zurückzuführen versucht. 16, 8—11 sind ihm „incertae originis". S. 17 ff.

252) Vgl. V. 21, 2; siehe unten S. 94.

253) Vgl. V. 11, 5; 12, 4; 20, 8 u. 21, 3.

254) Der Inhalt von 16, 1 ist eigentlich direkt unsinnig; man müßte nach dem Vordersatze, der in biographischer Weise das bekannte Motiv von der 'kaiserlichen Ruhmgier' hervorhebt, die umgekehrte Schlußfolgerung erwarten.

255) Vgl. oben.

c. 14, 8 b -17, 12 zurück? Ich habe bereits in meinen „Beiträgen"
S. 118 meine Auffassung über das biographische Quellenmaterial
präzisiert:
„Endlich verdient noch hervorgehoben zu werden, daß sich innerhalb dieses biographischen Materials durchaus nicht immer spätere Entstellungen und unsichere Kenntnis gefunden hat, sondern im Gegenteil des öfteren auch diese oder jene Nachricht, mit der es an und für sich vollkommen seine Richtigkeit hatte, ja die auf unmittelbar zeitgenössische Beobachtung zurückgehen mußte, nur daß sie meist im Sinne einer gehässigen und kaiserfeindlichen Tendenz verwandt, umgebogen bez. entstellt war. Das biographische Material setzt sich eben nicht aus einer, sondern mehreren Quellen zusammen, die sich alle unter diesem Begriff zusammenfassen lassen, aber nach der Zeit ihrer Abfassung und der Art dessen, was sie bringen, weit voneinander verschieden sein können, haben wir doch unter ihnen eine unmittelbar zeitgenössische biographisch-tendenziöse Quelle, sodann MM, Herodianus, Helius Cordus und Aurelius Victor, um nur einige, die wir noch greifen können, hervorzuheben, verwendet bez. erwähnt gefunden! Hierbei können wir mit Gewißheit sagen, daß die soeben namentlich aufgeführten dem Schlußredaktor zueignen, mit Wahrscheinlichkeit, daß die erste auf den früheren Kompilator zurückführt."

Vgl. weiterhin ebd. S. 122 f.:
„Dies biographische Material setzt sich aus mehreren (vgl. S. 118), höchst unlauteren, nur zum Teil zeitgenössischen tendenziösen Quellen zusammen, Trägern des Stadtklatsches und Dienern des verdorbenen Geschmackes der Zeit. Nicht mit Gewißheit zu bestimmen ist in vielen Fällen der Anteil, den die erste bez. zweite Kompilation an den uns überkommenen biographischen Elementen hat. Es ist wahrscheinlich, daß auf Grund eingehender weiterer Untersuchungen, sofern diese sich über das gesamte Corpus der Viten erstreckt haben werden, dieser Anteil im einzelnen bestimmter abzugrenzen sein wird; von wirklich historischer Bedeutung ist diese Frage kaum."

Gleichwohl ist es gerade an unserer Stelle von Interesse für die Erkenntnis der Komposition der Vita Hadriani[256]), dieser Frage näher zu treten.

---

256) Besser noch: für die Erkenntnis der Komposition des zweiten großen Teiles der Vita Hadriani, der von c. 14, 8b bis zum Schlusse der Vita reicht.

Zunächst muß uns c. 14, 8 b „fuit enim", dann 15, 12 der „risus iocundissimus", endlich 17, 6 der „iocus balnearis" auf den Gedanken bringen, daß wir es einerseits hier mit dem Schlußredaktor, andererseits mit MM zu tun haben[257]); denn MM hat, wie wir schon wissen, besonderen Wert auf die Beibringung von 'ioca' gelegt, vgl. c. 12, 4; gleichfalls gehört „iocundissimus" in diesen Zusammenhang, vgl. c. 11, 5. In c. 16, 10 und 17, 8 verrät sich außerdem die Hand des Kompilators; das „fuit et" 17, 8 läßt direkt auf den Schlußredaktor schließen, das „ne nominatim de omnibus dicam" 16, 10 macht ihn zum mindesten wahrscheinlich; denn Spartian scheint sich derartiger Wendungen im allgemeinen im fortlaufenden Exzerpte (also abgesehen von den Stellen, die ein eigenes Elaborat von ihm darstellen!) nicht bedient zu haben. Den unwiderleglichen Beweis dafür, daß wir es tatsächlich mit MM zu tun haben, gibt uns c. 16, 7 an die Hand im Vergleich zu Vita Helii 3, 9. Die betreffenden Passus lauten wie folgt:

Vita Hadriani c. 16, 7:
„mathesin sic scire sibi visus est, ut sero kalendis Ianuariis scripserit, quid ei toto anno posset evenire, ita ut eo anno, quo perit, usque ad illam horam, qua est mortuus, scripserit, quid acturus esset."

Vita Helii c. 3, 9:
„fuisse enim Hadrianum peritum matheseos M a r i u s M a x i m u s usque adeo demonstrat, ut eum dicat cuncta de se scisse, sic ut omnium dierum usque ad horam mortis futuros actus ante perscripserit."

Ich stehe nach alledem nicht an zu behaupten, daß der gesamte Abschnitt der Vita Hadriani c. 14, 8 b—17, 12 auf MM zurückgeht und von dem Schlußredaktor, eben dem bekannten sog. theodosianischen Fälscher, an Stelle des Abschlusses des Reise- und Kriegsberichtes des sachlich-historischen Gewährsmannes Spartians ein- bez. untergeschoben worden ist[258]).

Es bleibt nur noch übrig, mit einigen Worten darauf hinzuweisen, daß zwischen der hier nach MM befolgten Tendenz und demjenigen, was Dio Cassius namentlich in c. 3 und 4 berichtet, eine beträchtliche Annäherung stattfindet, die allerdings für den

---

257) Beides ist, wie bereits zur Genüge dargelegt, miteinander identisch; Spartian hat MM nicht gekannt; vgl. S. 15 f., 56.

258) Ich nehme also an, daß die biographischen Versionen zum Tode des Antinoos vor 11, 8 b noch von Spartian stammen, was selbstverständlich nicht bewiesen werden kann. — 16, 10 „ut multi adserunt" ist wahrscheinlich bereits aus MM übernommen.

Wert der Dionischen Mitteilungen in diesem Falle nicht gerade sehr spricht. Gleichzeitig ersehen wir daraus, daß auch den Erzählungen des MM in dem S. 87 gekennzeichneten Sinne ein gewisser historischer Kern zugrunde liegt, der uns hier und da noch einige Aufschlüsse zu geben vermag[259]).

Das „conscium imperii" 15, 3, sodann abermals „conscium tyrannidis" 15, 6 setzt vollständig dieselben Anschauungskreise voraus, zu deren Interpreten sich Dio gleich eingangs des LXIX. Buches in c. 1 gemacht hat; auch Heliodorus V. 15, 5 (16, 10!) findet bei Dio c. 3, 5 eine Erwähnung. Eine Anekdote hat es 15, 12 f. mit Favorinus zu tun, der c. 16, 10 als einer der intimsten Freunde des Kaisers Hadrian hervorgehoben wird; ebenfalls berichtet über ihn Dio c. 3, 4 ff. mit zweideutigen Worten, die sich allenfalls mit dem kaiserlichen Tadel, der in Vita 15, 12 mitgeteilt ist, vereinbaren ließen. Dionysius von Milet, welcher bei Dio Cassius an der zuletzt aufgeführten Stelle eine Rolle gespielt zu haben scheint, wird in der Vita nicht erwähnt. Über das Schicksal des Schwagers des Herrschers, des uns bereits bekannten Servianus[260]), werden wir seinerzeit im Zusammenhange zu sprechen haben[261]). Von den schweren Verfolgungen, welchen nach V. 15, 6 angeblich Turbo ausgesetzt gewesen ist, weiß Xiphilinus in c. 18, das ausschließlich diesem ausgezeichneten Manne gewidmet ist, nichts. Um so mehr sind wir berechtigt, sie lediglich als biographische Erfindung bez. Entstellung aufzufassen. Hingegen ist 15, 10 wiederum ein Vergleich mit Dio geboten: hier hat man es förmlich greifbar vor sich, daß beide Berichte ein und demselben Milieu entsprungen sind, eben demjenigen, das wir als das biographische, — was die

---

259) Im Tatsächlichen: die Auffassung, die in dem biographischen Material herrscht, ist falsch; vgl. oben. — Die Erwähnung des Attianus c. 15, 2 (vgl. zu ihm von biographischer Seite V. 9, 3—4, sachlich 1, 4; 4, 2; 5, 5; 5, 9; Dio c. 1, 2) zeigt deutlich, daß wir hier eine Dublette zu dem biographischen Passus der ersten Redaktion c. 9, 3—4 vor uns haben, die eben nicht dem Spartian entstammt, sondern auf den Theodosianer bezw. MM zurückweist, in der Tendenz natürlich mit der ersteren Nachricht übereinstimmend; vgl. S. 41 f. — Nepos ist in dem sachlichen Exzerpte V. 4, 2 als Freund des Hadrian vor seiner Erhebung erwähnt; vgl. dazu noch V. 23, 4. Septicius Clarus' Einsetzung vom Gardekommando ist von dem Historiker der Vita in c. 11, 3 behandelt; von biographischer Seite ist er als Gardepräfekt V. 9, 5 angeführt. — Über Catilius Severus c. 15, 7 handelt der sachliche Autor V. 24, 6, vgl. S. 104. — Es sei an diesem Orte noch nachgetragen, daß Plew a. a. O. S. 35 f. darauf hingewiesen hat, daß vermutlich Attianus schon unter Traian die Gardepräfektur innehatte; auch mir dünkt diese Annahme als weitaus die wahrscheinlichste.

260) V. 2, 6; 8, 11.   261) Siehe unten S. 100 f.

Auffassung der Kaiser anbetrifft — als das unhistorische zu bezeichnen gewohnt sind[262]). V. 16, 5—6 überliefert uns zutreffend die archaistischen Neigungen des Kaisers auf sprachlichem wie litterarischem Gebiete; wir haben mithin keine Ursache, den angegebenen Beispielen zu mißtrauen; vgl. Dio c. 4, 6, der speziell zu Homer mitteilt, daß Hadrian diesem den Antimachos vorgezogen habe. Sehr nahe berührt sich noch V. 17, 9 mit Dio c. 9, 4. Endlich hat auch Dio die Wandelbarkeit des Charakters Hadrians, die das Leitmotiv des gesamten Abschnittes V. 14, 8 b — 17, 12 darstellt, seinerseits c. 5, 1 hervorgehoben[263]).

# VI

## Vita Hadriani c. 18—22

Das große Fragment des MM endet klar erkenntlich mit c. 17, 12; was c. 18 folgt, trägt einen von dem Vorhergehenden grundverschiedenen, sachlichen Charakter: keine Übertreibung[264]), keine Unklarheit und kein gehässiges Wort, hingegen eine exakte und sachgemäße Darlegung verschiedener, hauptsächlich juristischer Maßnahmen und Erlasse des Princeps. Historisch ist gegen keinen dieser präzis gehaltenen Sätze, die vielleicht schon ursprünglich nur eine Auswahl der wichtigsten Verordnungen Hadrians haben geben sollen[265]), etwas einzuwenden. 18, 1 hebt vollständig zutreffend das, was wichtig ist, hervor: „cum iudicaret, in consilio habuit non amicos suos aut comites solum sed iuris consultos ...“; die angeführten Namen der Rechtsgelehrten sind über jeden Zweifel erhaben[266]). Staatsrechtlich wertvoll ist die Notiz: „quos tamen senatus omnis probasset"[267]). In dem

---

262) Die Beziehungen Hadrians zu dem Dichter Florus V. 16, 3—4 sind historisch richtig; vielleicht sind ebenso die Verse authentisch? „Ambulare" ist terminus technicus gewesen, vgl. dazu V. 10, 4 und S. 59. Das Wort kommt auch noch V. 26, 2 vor; s. S. 107.

263) Über Pharasmanes ist bereits S. 71 f., Anm. 195 gehandelt worden.

264) Es findet sich in dem ganzen Kapitel nicht ein einziger Superlativ.

265) V. 18, 2: „constituit inter cetera".

266) Zu Salvius Iulianus vgl. Vita Iuliani 1, 1: „proavus fuit Salvius Iulianus, bis consul, praefectus urbi et iuris consultus, quod magis eum nobilem fecit"; siehe auch S. 7.

267) Vgl. Schiller a. a. O. I 2, S. 621 f. Wir werden nach richtiger Würdigung der Bedeutung der sachlichen Nachricht der Vita sagen müssen, daß Hadrian doch mehr Rücksicht auf die Ansprüche des Senates genommen hat, als Schiller zuzugeben geneigt ist.

Folgenden ist die genaue Sachkenntnis der Quelle der Vita zu beachten, so § 3 „duodecimas bonorum", § 5 „si filios haberent". § 6 können wir fast mit Gewißheit als den Wortlaut des betreffenden Gesetzes selbst erklären, so unbedingt juristisch-exakt ist die Erörterung der möglichen Einzelfälle gegeben [268]). Ganz in dem Sinne des aufgeklärten, gebildeten Zeitalters ist die humane Sklavengesetzgebung Hadrians gehalten, die § 7—8, in § 10 und 11 in unanfechtbarer Weise behandelt worden ist [269]). Nach § 10 hat der Herrscher auch die öffentlichen Bäder der sittenpolizeilichen Aufsicht unterstellt; das Verbot des Zusammenbadens beider Geschlechter kommt in den Viten der SHA des öfteren vor, da es später noch mehrmals wiederholt werden mußte; vgl. V. Marci Antonini Philosophi 23, 8; Vita Alexandri Severi 24, 2 [270]).

Die sachlichen Ausführungen setzen sich in c. 19 fort. Hier bespricht § 1 die Ämter, welche Hadrian außerhalb von Rom in Italien, seiner Heimat und in Athen übernommen hat. Wir sehen dabei sofort, daß „in patria sua quinquennalis et item Hadriae quinquennalis, quasi in alia patria" nur auf dieselbe Hand zurückgehen kann, die c. 1, 1 nach des Herrschers Autobiographie uns die Nachricht von dessen doppelter 'origo' überliefert hat [271]); allein so werden die letzten vier Worte verständlich. § 2 wendet sich kurz der großartigen Bautätigkeit des Kaisers „in omnibus paene urbibus" und den von ihm gegebenen 'ludi' zu [272]). Das „more antiquo" § 6 [273]) weist wiederum auf den Historiker der Vita als Verfasser des Ganzen hin. Seine Sachkenntnis ist nach wie vor vortrefflich. Der Architekt Apollodor ist § 13 erwähnt; Dio hat seinem Schicksal fast das ganze c. 4 gewidmet. Es würde zu weit führen, hier auf die Einzelheiten des sachlichen Berichtes einzugehen und sie nach allen Seiten hin zu beleuchten; unsere Aufgabe ist die, Klarheit über die Komposition der Vita nach den in der Einleitung zu diesen Untersuchungen S. 5 f. angegebenen Gesichtspunkten zu schaffen, so einen sicheren Grund zu legen

---

268) „De thesauris ita cavit, ut, si quis in suo repperisset, ipse potiretur, si quis in alieno, dimidium domino daret, si quis in publico, cum fisco aequabiliter partiretur".

269) Vgl. Schiller a. a. O. I 2, S. 623.

270) Nach Dio c. 8, 2 ist diese Verordnung noch vor Antritt der ersten Reise erfolgt.   271) Siehe S. 7 u. 17.

272) In c. 19 kommt nur ein Superlativ vor, § 5 „inmensissimas"; er ist vielleicht auf das Konto des Überarbeiters zu setzen; vgl. dazu noch unten S. 92—96.

273) Vgl. z. B. c. 5, 1 und 10, 8 oder 22, 5; S. 28!

und auf ihm in den Hauptpunkten aufzubauen: ein vollkommener Ausbau ist nicht beabsichtigt. Wenn ich außerdem in diesem Kapitel darauf verzichte, in einem zweiten zusammenhängenden Teile wie sonst gewöhnlich die Fragen rein historischer Art zur Geltung zu bringen, so ist das aus dem Grunde geschehen, weil dies Verfahren gerade hier zu Wiederholungen und Weitläufigkeiten führen würde, die nicht in dem Interesse der Geschlossenheit der Arbeit liegen, welche sich ohnehin bei der Art dieser Untersuchungen nur schwer genug beobachten läßt [274]).

Noch ist auf einen Widerspruch aufmerksam zu machen, der anscheinend in dem c. 19 besteht. § 9 heißt es nämlich:

„cum opera ubique infinita fecisset, numquam ipse nisi in Traiani patris templo nomen suum scripsit."

Ferner § 10:

„Romae instauravit Pantheum, ......... lavacrum Agrippae, eaque omnia propriis auctorum nominibus consecravit."

Dagegen § 11:

„fecit et sui nominis pontem et sepulchrum iuxta Tiberim et aedem Bonae Deae." (Vgl. auch S. 108 f.)

Man wird zunächst geneigt sein zu meinen, daß mit § 11 eine neue Quelle einsetzt und der Epitomator in seiner Beschränktheit nicht den Widerspruch zwischen dieser und dem Vorhergehenden bemerkt hat. Rein äußerlich betrachtet könnte ja auch das „fecit et" (vgl. § 12 „transtulit et" und § 13 „et cum ...") eine derartige Auffassung wahrscheinlich machen, zumal in den ersten 10 Paragraphen des Kapitels eine derartige Verbindung zweier Notizen völlig fehlt. M. E. ist gleichwohl kein Quellenwechsel anzunehmen; denn erstens kann der sachliche Autor doch nicht im Ernste haben die Behauptung aufstellen wollen, Hadrian hätte wirklich kein einziges 'opus', deren er „ubique infinita" [275]) hinterlassen, mit seinem eigenen Namen zu benennen erlaubt; dazu war die Tatsache des Gegenteils nicht nur ihm, sondern auch allgemein viel zu bekannt. Zweitens ist der Wortlaut von § 9 genau zu bemerken: „numquam ipse nisi in Traiani patris [276])

---

274) So habe ich es im Verlaufe dieser Arbeit auch keineswegs für nötig erachtet, z. B. an sämtlichen Stellen den Vergleich mit Dio durchzuführen.

275) § 9; die Stärke des Ausdruckes weist vielleicht auf die Überarbeitung durch den Schlußredaktor hin; vgl. c. 20, 5.

276) „Traiani patris": wir sind also auf sachlichem Grund und Boden; vgl. die gesamte Tendenz der Vorgeschichte Hadrians im ersten Kapitel dieser Arbeit S. 7 ff.

templo nomen suum scripsit." Ist hier nicht entschieden der Nachdruck in die von mir unterstrichenen Worte gelegt? Der 'pons Aelius', von dem § 11 spricht, hat dann eben einfach seinen Namen nicht von Hadrian selbst erhalten, sondern dieser ist ihm auf irgend eine, für uns natürlich nicht mehr faßbare Weise zuerteilt worden; allein die Kürze und das Ungeschick des Epitomators ruft so die zunächst gewiß auffallende Kontradiktion hervor [277]).

Auf die gleiche Angelegenheit kommt noch einmal c. 20 in § 4 zurück:

„et cum titulos in operibus non amaret, multas civitates Hadrianopolis appellavit, ut ipsam Karthaginem et Athenarum partem."

Das ist sachlich tadellos korrekt. Hier ist an das 19, 9 Gesagte angeknüpft und die dortige Mitteilung dahin modifiziert, daß ein Gegensatz zwischen 'opera' und 'civitates' konstituiert wird, gegen den ja im Grunde auch nichts Ernstliches einzuwenden wäre. Merkwürdig ist indessen, daß § 5 besonders die 'aquarum ductus' aufgeführt werden, gleichsam als ob auch sie nicht zu den 'opera' gehörten. An dieser Stelle hat aber ganz entschieden der Kompilator grobe Konfusion gemacht; denn das „hoc nomine" ist in Anlehnung an das vorher gebrachte „Hadrianopolis" vollständig schief ausgedrückt; auch „infinitos" [278]) weist auf die Überarbeitung hin. Es ist in c. 20 mit Ausnahme der beiden obigen Paragraphen überhaupt sehr schwierig zu sagen, wie weit in ihm das sachliche Gut reicht. C. 20, 3 ist MM erwähnt, doch diese Erwähnung geschieht so, daß es nicht zu vermuten ist, er bedeute auch für § 1—2 die Quelle. Die beiden Superlative können sehr gut auf die Überarbeitung zurückführen; die Erwähnung von Alexandria könnte an sich schon für die Autorschaft des Historikers der Vita sprechen [279]). Immerhin wird man an diesem Punkte zu einer Gewißheit nicht kommen können; denn wer wollte leugnen, daß § 1—3 doch zusammen aus MM entnommen sein können, da mit § 4 ja eine Art von Anschluß an die Bautätigkeit des c. 19 wiederum eintritt? Ebenso ist § 6 wahrscheinlich sachlich; sicher ist auch das nicht, spielt doch gerade die Advokatur des Fiskus in der Vita des Caracalla c. 8, 3 und in der des Geta c. 2, 3—5 die denkbar unlauterste Rolle [280]). Wieder

---

[277] § 12 „in quo nunc templum urbis est", eine der topographischen Notizen, die bereits von dem sachlichen Gewährsmanne stammen.
[278] Vgl. 19, 9; Anm. 275!
[279] Vgl. S. 55.
[280] Vgl. meine „Beiträge" S. 120.

sind wir an einem der Punkte angekommen, die für uns die Grenze unserer Erkenntnis bilden.

In dem zweiten Teil des Kapitels § 7—13 liegen die Quellenverhältnisse ungleich einfacher; die Einführung mit „fuit" § 7, ferner die „ioca" § 8, ebenda das „unde illud quoque innotuit" sowie die biographische Unbestimmtheit, die sich an den verschiedensten Stellen verrät [281]), weisen auf biographisches Material, die „ioca" § 8, die den Zusammenhang von § 7 mit dem, was auf sie folgt, unterbrechen, bestimmt [282]) auf MM als Quelle zurück.

C. 21 trägt wahrscheinlich durchaus biographischen Charakter. Höchstens könnte man annehmen, daß § 1—2 auf sachlicher Basis beruhen. Allerdings müßte man in diesem Falle eine sehr starke Überarbeitung durch den Schlußredaktor voraussetzen, der in diesem Kapitel seiner Neigung für Übertreibung wiederum einmal die Zügel schießen läßt: § 2 „omnibus semper cuncta", „tamdiu ... quamdiu", § 2 „omnibus superioribus principibus" und „damnatis omnibus libertis suis, quicumque ...". Ebenso ist „iactaverunt" kein sachlicher Ausdruck; vgl. 16, 6 und 17, 8. Ich möchte daher der Auffassung Ausdruck geben, daß § 1—2 trotz der anscheinend Hadrian günstigen Tendenz auf biographischer Grundlage, möglicherweise in dem Sinne des MM 20, 3, stehen, wobei das 'dictum Hadriani' in einer gemäßigteren Fassung historisch sehr wohl zu Recht bestehen kann, wie auch unzweifelhaft das übrige in den beiden Paragraphen Berichtete auf geschichtliche Tatsachen zurückführt [283]). § 3 ist eine Anekdote „prope ioculare" mitgeteilt, also, wie zur Genüge erwiesen worden ist, ein Stück aus MM. In dem folgenden § 4 heißt es: „inter cibos unice amavit tetrafarmacum" vgl. Vita Helii c. 5, 5: „de quo genere cibi aliter refert Marius Maximus, non pentafarmacum sed tetrafarmacum appellans, ut et nos ipsi in eius vita persecuti sumus"; somit haben wir abermals den strikten Beweis dafür, daß wir es tatsäch-

---

281) Vor allen Dingen in § 13: „oppidum Hadrianotheras in quodam loco .. aliquando constituit"; der sachliche Autor hätte gewiß Zeit und Ort namhaft gemacht; vgl. Dio c. 10, 2. Hierher gehören auch § 8 „plurima" und „quiddam", § 9 „plurimis", § 10 „saepius", „aliquando" und „plurimis". Man bemerke gleichzeitig die Neigung für starke Ausdrücke, zu denen auch „omnes" § 11 zu rechnen ist.

282) Vgl. Vita Heliogabali c. 11, 6, wo gleichfalls die „iocularia" mit MM in Verbindung gebracht sind. — Die Tierliebe Hadrians wird übrigens durch Dio c. 10, 2 bestätigt.

283) „Imputans" ist in dem Corpus der SHA ἅπαξ λεγόμενον.

lich mit MM (und dem Schlußredaktor!) zu tun haben [284]). Die bereits bekannte Neigung des letzteren zur Übertreibung, die vielleicht schon auf einer Eigentümlichkeit des MM beruhen mag, kommt in diesem Kapitel deutlich zur Geltung [285]):

c. 21 § 4 unice;
§ 5 omnia, quantum potuit;
§ 9 nimiam multum — liberalissimus;
§ 10 semper;
§ 13 amicissimos.

Beliebt ist endlich das unbestimmte 'multis' einmal in § 5 und zweimal in § 7. Es spricht nach alledem eine große Wahrscheinlichkeit dafür, daß auch der summarische Bericht § 5—14 auf MM zurückgeht. In diesem Überblicke wichtiger Ereignisse zur Zeit der Regierung Hadrians finden sich naturgemäß verschiedene Dubletten zu der übrigen Vita Hadriani, speziell zu dem sachlichen Exzerpte, so § 7: c. 6,5 u. 7,6; § 10: c. 5,4; § 13: c. 13,9 bez. 17,11. Bemerkenswert ist noch § 5 'subvenit'; der sachliche Ausdruck für die gleiche Sache ist 'sublevavit' gewesen, vgl. c. 9,7 und 10,1. Historisch direkt falsch sind 'nullae' § 8 und 'semper' § 10, beide Ausdrücke vielleicht vor allem der Neigung zu übertreiben und zu verallgemeinern entsprungen; in dem ersten Falle ist der blutige Judenkrieg ganz vergessen, in dem zweiten der parthische Konflikt, von dem noch c. 12, 8 ein lebendiges Zeugnis ablegt. Selbstverständlich fehlen auch nicht zutreffende historische Reminiszenzen, wie bereits aus den Vergleichen mit dem sachlichen Berichte der Vita hervorgeht; so brauchen wir weder die Überschwemmung des Tiberstromes § 6 noch die Gesandtschaft des Königs der Baktraner, von der § 14 erzählt [286]), als biographische Erfindung zu verwerfen; es fehlte ja auch jeder vernünftige Grund gerade derartige Notizen zu erdichten.

Ist es mithin wenigstens sehr wahrscheinlich, daß das gesamte c. 21 von dem Schlußredaktor aus MM entnommen worden ist [287]), so können wir ganz sicher nachweisen, daß c. 22 wieder auf das erste Exzerpt Spartians, und zwar auf den sachlichen Autor zurückführt.

284) Zu „illud saeve quidem" vgl. noch die Charakteristik Hadrians 14, 11 „saevus clemens"; zu der Art des Ausdruckes vgl. z. B. 20, 8 „unde illud quoque"; beide Male schreibt dieselbe Hand!
285) Über § 1—2 vgl. oben S. 94.
286) Damit stimmt zusammen, was V. 12,7 u. 13, 9 mitteilt, sowie Dio.
287) Die Autorschaft des MM ist in diesem Falle einmal von J. J. Müller a. a. O. S. 41 richtig erkannt worden.

Es ist ein seltsames Durcheinander, das in dem zweiten großen Teile der Vita Hadriani vorherrscht. Auch in c. 22 macht sich die Überarbeitung durch den Theodosianer bemerklich: § 1 saepissime, § 10 diligentissime; in beiden Fällen hätte der Positiv genügt. Ebendahin gehört § 6 „cum ingentibus sarcinis". Trotzdem ist das gesamte Kapitel mit Ausnahme der §§ 12 und 14, die sich leicht ausscheiden lassen [288]), auf sachlicher Basis aufgebaut; das zeigt, ganz abgesehen von der charakteristischen Bestimmtheit der einzelnen Notizen und ihrem unanfechtbaren historischen Werte, bereits § 5 „ad anticum modum" [289]). Zu § 1 vgl. c. 10, 2—11, 1: die Bezugnahme auf die dortigen sachlichen Ausführungen geht daraus hervor, daß das biographische Material (c. 21, 9) nicht von der 'disciplina militaris', sondern nur von des Kaisers 'cura exercitus' und seiner hohen Liberalität gegenüber seinen Soldaten spricht. Zum Vergleiche mit § 7 läßt sich c. 18, 10, zum Vergleiche mit § 11 c. 18, 1 heranziehen; es kann einigermaßen befremden, daß beide Stellen eine Art von Wiederholung bez. Ergänzung zu den sachlichen Mitteilungen des c. 18 bilden: m. E. ist auch das wohl hauptsächlich auf das Konto des ungeschickten Epitomators zu setzen, der diese Notizen, die in seiner Primärquelle gewiß in besserem Zusammenhange zu einander gestanden haben, zu einem großen Teile nach freiem Gutdünken herausgegriffen und lose aneinander gereiht zu haben scheint. Über die sachlich-historische Provenienz kann deswegen kein Zweifel obwalten; sie geht übrigens auch noch aus dem „contempsit" § 10 hervor; ein biographischer Autor würde aller Wahrscheinlichkeit nach „damnavit" (21, 2) oder „in summa detestatione habuit" (23, 4) gesagt haben [290]).

[288]) § 12 kann an sich sachlichen Ursprungs sein, nur gehört diese Bemerkung nicht in den Zusammenhang der vorher und nachher erörterten Maßnahmen des Princeps; § 14 ist ohne jegliche Verbindung mit dem Vorhergehenden; die Provenienz der Notiz läßt sich selbstverständlich nicht mehr bestimmen; möglicherweise ist sie sachlich und nur am falschen Orte ein- bezw. nachgetragen.

[289]) Vgl. u. a. S. 28. — Vita Pertinacis c. 8, 9 f. (unbedingt sachlich!) heißt es von dem gleichen Gegenstande:

„convivium imperium ex immenso ad certum revocavit modum. sumptus etiam omnes Commodi recidit."

Dagegen hier:

„diligentia iudicis sumptus convivii constituit et ad anticum modum redegit." Die Ähnlichkeit ist unverkennbar. — Der Übersicht halber seien noch die hierzu in Betracht kommenden Stellen der Vita Hadriani zusammen aufgeführt: 5, 1; 9, 8; 10, 8; 19, 6 und 22, 5.

[290]) Zu der Frage der chronologischen Anordnung bei dem Historiker der Vita vgl. das S. 39 f. und 50 f. Ausgeführte.

Für die historisch-juristische Einsicht des Gewährsmannes der Vita legt c. 22, 8 ein besonders beredtes Zeugnis ab: „ab epistulis et a libellis primus equites Romanos habuit". Das ist ja gerade das Grundlegende an dieser Neuerung Hadrians gewesen, daß die höchsten Verwaltungsstellen des Weltreiches aus den Händen der Freigelassenen in die der Ritter übergeleitet wurden. So ward auch hier der Dienst des Kaisers zum ehrenvollen Dienste des Reiches. Damit ward nicht sowohl erst ein eigentlicher freier Beamtenstand geschaffen und ausgebildet, wie vielmehr die Anerkennung des kaiserlichen Verwaltungsregimentes als eines staatsrechtlich-öffentlichen und nicht persönlichprivaten nicht nur juristisch, sondern jetzt auch praktisch durchgeführt. Mit anderen Worten: an Stelle des Hausdienertums des Princeps trat das Reichsbeamtentum des Kaisers; die Rückwirkung auf die Stellung des Senates mußte sich allmählich, aber mit einer unerbittlichen Konsequenz vollziehen.

## VII

### Der Schluß der Vita Hadriani, c. 23 — 27: Des Kaisers Ende

Der letzte Abschnitt der Vita Hadriani behandelt das Lebensende des Herrschers und setzt c. 23, 1 ein: „peragratis sane omnibus orbis partibus capite nudo et in summis plerumque imbribus atque frigoribus in morbum incidit lectualem". Das ist erstens so nicht richtig; denn Hadrian ist nachweislich Anfang des Jahres 134 nach Rom zurückgekehrt, frühestens aber im Winter 135/6 erkrankt[291]); zweitens ist es überhaupt weiter nichts, als eine der überleitenden Phrasen, wie sie von dem ersten Epitomator bisweilen in die Viten eingefügt sind, auf den schon das Verbindungswörtchen 'sane'[292]) hindeutet. Eine ähnliche Überleitung findet sich z. B. in der Vita Severi c. 12, 7 „ultus igitur graviter Albinianam defectionem interfectis plurimis genere quoque extincto iratus Romam et populo et senatoribus venit"[293]). Sie geht bestimmt auf Spartian zurück. Seine Autorschaft für c. 23, 1 lehrt ferner ein Blick auf die Vita des Helius c. 2, 1 f.[294]), wo Spartian aus der Vita Hadriani „peragrato iam orbe terrarum" abgeschrieben hat, Spartian selbst und nicht etwa der Schlußredaktor, wie 2, 2 die Bezugnahme auf Maximianus und Constantius

---

291) Vgl. Dürr a. a. O. S. 33.   292) Vgl. meine „Beiträge" S. 13.
293) Vgl. meine „Beiträge" S. 45.   294) Vgl. S. 125 f.

zeigt. Es bestätigt sich hierdurch weiter unsere Auffassung von der Stellung der sachlichen Notizen in c. 18—19 und 22 der Vita Hadriani; dem Exzerptor sind infolge seiner regellosen Auswahl der historischen, nicht chronologisch geordneten Mitteilungen des sachlichen Autors allmählich die Zügel derart aus den Händen geglitten, daß er, nachdem er bei dieser selbst bereits zweimal im Kreise herumgegangen ist und sich in gewissem Sinne wiederholt hat[295]), nun nicht mehr weiß, wie er die Verbindung mit dem letzten Abschnitt, der (naturgemäß in chronologischer Folge!) das Ende Hadrians erzählt, eigentlich herstellen soll. Da ihm nichts besseres einfällt, greift er zu einer selbstgeschaffenen pompösen Einleitungsphrase, die in Anlehnung seiner Erinnerung an das biographische Material geschrieben worden ist; denn es ist bemerkenswert, daß die Hervorhebung des 'caput nudum' und der 'summa frigora' ganz ähnlich in dem Dionischen Exzerpte des Xiphilinus geschehen ist, was sich auf den ersten Blick als eins der biographischen Elemente des Dio erkennen läßt. (Dio c. 9, 4!)

Noch einmal ist es nicht möglich, den direkten Nachweis zu führen, wie weit in dem ersten Teile des c. 23, der bis § 9 einschließlich reicht, sachliches Gut vorhanden ist, ja es läßt sich nicht einmal beweisen, daß überhaupt mit einem solchen hier zu rechnen ist. Zu einem großen Teile ist es Sache des kritischen Gefühls, die in Frage kommt. Auch ein feines Gefühl für derartige Dinge kann bisweilen arg täuschen, wenn keine Anhaltspunkte festerer Art vorhanden sind, die wenigstens einigermaßen einen Rückhalt geben. Glücklicherweise fehlen diese in c. 23, 1—9 doch nicht ganz. Einmal haben wir hier § 8 den ganz spezifisch sachlichen Ausdruck[296]) „quasi adfectatorem imperii", ein deutliches Anzeichen dafür, daß irgendwie sachliches Material oder die Erinnerung an solches zugrunde liegt[297]). Mit anderen Worten: der Historiker der Vita hat den Tod des Servianus (und Fuscus) in seinem Werke berichtet, wie schon von vornherein bei einer geschichtlichen Darstellung der letzten Jahre Hadrians anzunehmen war, und zwar in der Weise, daß er mitgeteilt hat, Servianus sei „quasi adfectator imperii" getötet worden, und allein dieser Ausdruck ist schließlich uns noch erhalten geblieben. Das Übrige, was § 8 als Begründung angibt, trägt deutlich das Kennzeichen des

---

295) Vgl. S. 96.  296) Vgl. oben S. 10.

297) Vorauszusetzen, daß diese Wendung von dem Epitomator aus freien Stücken lediglich in Erinnerung irgend welcher vom sachlichen Autor berichteter ähnlicher Fälle gebraucht sei, hieße m. E. zu weit gehen.

biographischen Klatsches, von der böswilligen Verleumdung des § 9 ganz zu geschweigen.

Auf der anderen Seite heißt es § 7: „et omnem quidem vim crudelitatis ingenitae usque eo repressit, donec in villa Tiburtina profluvio sanguinis[298]) paene ad exitum venit". Das aber ist ein ebenso deutliches Zeichen dafür, daß wir es in diesem Abschnitte auch mit dem Schlußredaktor bez. mit MM zu tun haben; denn diese Worte fußen auf derselben Anschauung von Hadrian, die bereits c. 20, 3 aus MM entnommen war: „MM dicit eum natura crudelem fuisse et idcirco multa pie fecisse, quod timeret, ne sibi idem, quod Domitiano accidit, eveniret", fürwahr eine echt subalterne Anschauung! Die Hand des Theodosianers macht sich auch in § 4—5 bemerkbar, wo er es in seinem Streben nach Stärke des Ausdruckes fertig gebracht hat, von einem noch heftigeren Verabscheuen als der „summa detestatio" zu sprechen[299]); in § 6 heißt es abermals „detestatus est". Gleichwohl scheinen wir es in § 8 wieder mit Spartianus zu tun zu haben[300]).

V. 23, 2 „factusque de successore sollicitus primum de Serviano cogitavit" findet eine Bestätigung durch die Anekdote, welche Dio c. 17, 3 erzählt. Die kurze bestimmte Fassung des ganzen Paragraphen könnte den Gedanken an sachliches Material nahe legen, zumal die Art und Weise des antizipierenden Relativsatzes nach Ausscheidung des „ut diximus" des Kompilators in dem sachlich-historischen Bestande der Vita c. 4, 3 fast genau in derselben Weise vorkommt; 23, 2: „quem postea mori coegit"

4, 3: „quos postea ipse insecutus est".

Jedenfalls sind § 2/3 der einzige Teil des Abschnittes der Vita c. 23, 1—9, der nach Entfernung des „ut diximus" einschließlich des sachlichen Rudimentes in § 8 „quasi adfectatorem imperii" dem sachlichen Autor zugerechnet werden könnte; denn der Tod des Servianus hat, wie aus Dio c. 17, 1 hervorgeht, im Anschlusse an die Adoption des Commodus und im Zusammenhang mit derselben stattgefunden; die Erwähnung desselben gehörte also eigentlich zeitlich hinter 23, 12: man kann auch noch unklar erkennen, daß ein derartiger Zusammenhang ursprünglich vorhanden gewesen ist, doch hat bereits der erste Kom-

---

298) Vgl. Dio c. 17, 1.
299) „In summa detestatione habuit Platorium Nepotem, ... et eodem modo et Terentium Gentianum, et hunc vehementius". Zu Nepos vgl. V. 4, 2 (sachlich) und 15, 2 (MM).
300) Vgl. S. 100 f.

pilator sich in dieser Beziehung nicht recht zu helfen gewußt; vgl. § 8 „tunc", § 9 „quando quidem etiam" und § 10 „tunc"; mithin sind die drei Ereignisse wenigstens noch gleichzeitig berichtet.

Der Tod des Servianus nimmt eine überaus merkwürdige Stellung innerhalb des zweiten großen Teiles der Vita Hadriani ein. Wenn es auch nicht möglich sein wird, zu einem ganz sicheren Schlusse in dieser Hinsicht zu gelangen, so soll an dieser Stelle doch zum mindesten der Versuch gemacht werden, etwas zu der Lösung der für die Art der Komposition der Vita recht interessanten Frage beizutragen.

Servianus' Ende wird an nicht weniger als vier verschiedenen Stellen der Vita Hadriani berichtet, nämlich:

c. 15, 8 „Servianum sororis virum nonagesimum iam annum agentem, ne sibi superviveret, mori coegit;"

c. 23, 2/3 „factusque de successore sollicitus primum de Serviano cogitavit, quem postea, ut diximus, mori coegit, item Fuscum, quod imperium praesagiis et ostentis agitatus speraret;"

c. 23, 8 „tunc libere Servianum quasi adfectatorem imperii, quod servis regiis cenam misisset, quod in sedili regio iuxta lectum posito sedisset, quod erectus ad stationes militum senex nonagenarius processisset, mori coegit;"

c. 25, 8 „sub ipso mortis tempore et Servianum nonaginta annos agentem, supra dictum est, ne sibi supraviveret atque, ut putabat, imperaret, mori coegit."

Zunächst ist auffallend, daß an jeder der vier Stellen die Wendung „mori coegit" vorkommt; man könnte leichtlich dadurch zu dem Schluß verleitet werden, daß alle vier daher auch von ein und derselben Hand stammten. Dem ist aber höchst wahrscheinlich nicht so. Servianus ist von Hadrian zu sterben gezwungen worden; die Tatsache steht fest, und sie wird an sämtlichen angeführten Stellen berichtet; der durch die Sache gegebene Ausdruck ist „mori coegit"; wenn nun einmal Spartian ihn gebraucht und der Schlußredaktor ihn gelesen hatte, ist es dann etwa anzunehmen, daß letzterer aus stilistischem Zartgefühl sich bei dem gleichen Dinge nach einer anderen Wendung umgesehen haben würde? Es ist im Gegenteil zu vermuten, daß er das kurze und in jeder Beziehung ausreichende „mori coegit" auch dann angewendet hat, wenn in seiner Vorlage wirklich etwas anderes gestanden haben sollte, weil es sich jedermann ganz von selbst hier förmlich aufdrängen muß. Es kann wohl kaum in

Abrede gestellt werden, daß von den obigen Stellen die erste und die letzte engere Beziehungen zueinander aufzuweisen scheinen. 25, 8 und 15, 8 entstammen ein und derselben Redaktion der Vita, „atque, ut putabat, imperaret" ist lediglich die Konsequenz aus dem „Überleben", vielleicht in Erinnerung an das schon vorhandene „quasi adfectatorem imperii" gezogen; so halte ich „ut putabat" nur für den Ausdruck einer Reflexion des betr. Kompilators, nicht für Überlieferung, wie z. B. 5, 3 oder 11, 3, den ganzen Passus aber für eine Wiederholung des 15, 8 Vorweggenommenen, nicht einmal an der richtigen Stelle, da Servianus nach Dio c. 17, 1 im Anschluß an die in der ersten Hälfte des Jahres 136 erfolgte Adoption des Commodus zum Tode gezwungen worden ist, nicht aber „sub ipso mortis tempore", das sind zwei Jahre später[301]). Da c. 15, 8 so gut wie sicher aus der Feder des Schlußredaktors geflossen ist, so ist auch der Einschub c. 25, 8 von ihm geschrieben worden. Anders verhält es sich mit den beiden Stellen in c. 23. Von der ersteren § 2 haben wir bereits vermutet[302]), daß sie auf sachliches Material zurückgehe; was die letztere anlangt (§ 8), so kann es als ausgemacht gelten, daß der spezifisch sachliche Ausdruck „quasi adfectatorem imperii" dem Historiker der Vita entnommen ist, daß er das letzte Rudiment seines Berichtes darstellt. Aber biographisches Material ist demselben von Spartianus vorgezogen worden und hat ihn in einer Weise gerade hier überwuchert, die auf das höchste interessant und bezeichnend ist. Drei Nebensätze mit 'quod', ohne jedwede stilistische Rücksicht roh aneinander gesetzt, sind die biographische Begründung des Todes, mit einem Worte zu definieren: Klatsch. So gebe ich der Meinung Ausdruck, daß beide Erwähnungen des Todes Servians in c. 23 auf Spartians Kompilation der Vita aus sachlichen und biographischen Elementen hinweisen, daß diejenigen c. 15, 8 und 25, 8 indessen dem Schlußredaktor auf Marianischer Basis zueignen.[302a])

Mit c. 23, 10 stoßen wir endlich wieder auf die chronologische Darstellung des sachlichen Bestandes der Vita, die 14, 6 so schmählich abgerissen und durch biographisches Material ersetzt worden war. Aber noch ist die größte Vorsicht geboten: denn es liegt in dem Abschnitt 23, 10—24, 8a außer dem sachlich-historischen noch

---

301) Nach Xiphilinus (c. 17) ist Servianus „hingerichtet worden"; die näheren dort berichteten Umstände lassen aber noch erkennen, daß er lediglich „gezwungen ward zu sterben", wofür an sich schon die ganze Sachlage spricht. Der irrige Ausdruck stammt wohl erst von dem Exzerptor.

302) S. 99.     302a) Vgl. S. 106.

anderweitiges Quellenmaterial zugrunde, das die erste, ursprüngliche, sachliche Berichterstattung in eigentümlicher Weise durchsetzt, retardiert und unterbricht. Es wird deshalb nötig sein, einmal genau die einzelnen Paragraphen in Erwägung zu ziehen:

c. 23, 10: ist sachlichen Ursprungs, wie sich aus dem Hinweise „Nigrini generum insidiatoris quondam", der nur in Verbindung mit der sachlichen Notiz 7, 1 „Nigrini insidias..." verständlich wird, und der chronologischen Einführung „tunc"[303]) ergibt. Cf. 4, 2 „Attiani, tutoris quondam sui". Nicht dagegen spricht 9, 3, wo Attianus in dem biographischen Bestande gleichfalls auf diese Art bezeichnet wird 'praefecti sui et quondam tutoris'. Bei dem sachlichen Gewährsmann findet eine derartige Verweisung logischermaßen nur dann statt, wenn der betreffende Name zum zweiten Male vorkommt, späterhin setzt er ihn als bekannt voraus: vgl. z. B. eben die Erwähnungen des Attianus bei ihm c. 5, 5 und 8, 7; c. 9, 3 ist mithin entweder schon aus dem biographischen Berichte entnommen oder aber von dem Kompilator aus seiner eigenen Erinnerung hinzugesetzt worden; übrigens wieder ein Fall, der beweist, wie vorsichtig man bei der Anwendung rein äußerlicher formaler Indizien sein muß[304]) und wie gerade in einem kurz gefaßten Exzerpte derartige Berührungen besonders tatsächlicher Art stattfinden können, ohne daß man auch nur im entferntesten an ein und dieselbe Quellenunterlage denken kann und darf.

c. 23, 11: Auffallend ist die Einleitung „adoptavit ergo" vgl. V. Helii c. 2, 6 „hic ergo" (S. 126) und 6, 7 (biographisch) „doluit ergo" (S. 130!); auffallend ist ferner „invitis omnibus"[305]), was so von dem sachlichen Autor nicht hätte gesagt werden können, etwas sehr ähnliches haben wir 9, 1 „contra omnium vota" (biographisch!) gehabt. Zurückhaltung ist also geboten[305a]).

---

303) Vgl. S. 99 f.

304) Vgl. meine „Beiträge" S. 80, Anm. 110, sowie S. 105, wo sich ein anderer Beleg dafür findet, „wie unbedingt nötig Vorsicht bei allen rein sprachlichen und sprachstatistischen Beweisführungen ist".

305) Zu ihnen gehörten eben auch Servianus und Fuscus; vgl. Dio c. 17, 1.

305a) Nach den Ergebnissen unserer Quellenuntersuchung der V. Helii an den oben angeführten Stellen werden wir hier direkt auf den Schlußredaktor verwiesen.

c. 23, 12/13: „ob cuius adoptionem" sachlich präzis, wie überhaupt die gesamte Fassung der beiden Paragraphen; chronologisch: „statim" und „secundo" § 13. Wir stehen im Jahr 137.

c. 23,14/15: Die Einführung „quem cum" ist zu beachten, sowie das törichte „saepissime" § 14. Dabei gehörte § 15 eigentlich vor § 14, ja vor § 12 oder 13; denn wir sind hier wieder über ein Jahr zurück bei der Adoption angelangt[306]). Das angebliche Wort Hadrians verrät abermals den kleinlichen Standpunkt eines subalternen Geistes wie c. 20,3[306a]). § 15 hat ferner ins ungeheuerliche übertrieben, wenn wirklich etwas Wahres daran sein sollte, daß Commodus bereits zur Zeit seiner Adoption leidend war (vgl. Dio c. 17, 1); denn wie hätte dann das in § 12/13 Berichtete ermöglicht werden können? — Wir ersehen aus alledem, daß wir einer zweiten Überlieferungsschicht gegenüberstehen, die ohne jegliche innere Verbindung einfach in die erste sachliche hineingeschoben worden ist: vermutlich sind ihr auch einzelne Stücke der letzteren zum Opfer gefallen[307]). Dementsprechend sind wir auch auf die Mitarbeit des Schlußredaktors hingewiesen, cf. Anm. 305a.

c. 23, 16: Chronologisch sind „denique" und „ipsis kalendis Ianuariis"; „accepto largius antidoto" und „per somnum" zeugt von genauer Sachkenntnis. Ferner deutet „ingravescente valetudine" an, daß ursprünglich vorher von dem Beginne der Erkrankung des Commodus die Rede war, an Stelle der sachlichen Notiz aber der biographische Einschub § 14/15 gesetzt worden ist, wie seinerzeit das mit § 11 an Stelle der sachlichen Erwähnung des Cäsarennamens geschehen zu sein scheint[308]).

c. 24, 1: „Mortuo Helio Vero Caesare" vermutlich wie der Superlativ „tristissima"[309]) auf das Konto des Schlußredaktors

---

306) Vgl. noch S. 128 f.    306a) Siehe oben S. 99.
307) Vgl. dazu unten die Bemerkungen zu 23, 16. S. 128 f.!
308) Dabei ist ganz interessant zu sehen, daß der sachliche Gewährsmann sich § 13 nicht des Cäsarennamens des Commodus bedient. Das Gleiche tut Dio c. 20, 1. Wieder anders verhält es sich mit dem biographischen 'Commodus' § 15. Vorher ist das angebliche Wort Hadrians berichtet; dort war natürlich 'Commodi' zu Recht gesagt; in seiner Gedankenlosigkeit hat dann der Epitomator wieder mit 'Commodus' angeschlossen.
309) Er wäre erst 25, 6 sachlich berechtigt!

zu bringen; die chronologische Anknüpfung hat sicher im Anfang zu Recht bestanden; später ist aber der Cäsarenname an Stelle eines ursprünglichen 'Commodo' oder 'eo' getreten. Ein chronologischer Verweis ist 'postea'. Zu der 'lex adoptionis' vgl. V. Anton. Pii c. 4, 5 f., sowie V. Marci Anton. Philos. c. 5, 1. Nach V. Anton. Pii c. 4, 6 fand die Adoption 'V. kl. Mart. die' statt.

c. 24, 2: Einer der allgemeinen historischen Ausblicke, wie sie der sachliche Autor bisweilen liebt: „postea... primi". Die Bemerkung ist geschichtlich zutreffend. Vgl. V. Marci Anton. Philos. c. 7, 6.

c. 24, 3—5: ist ersichtlich ein biographischer Einschub, durch „et... quidem" eingeleitet; vgl. die biographischen Kennzeichen: „dicitur" — „alii" — „dicant" — „alii". Das „saevienti" § 4 gehört wohl in den Kreis der Charakteristik c. 14, 11 „saevus clemens"[310]). Auf der anderen Seite ist wieder darauf hinzuweisen, daß sich in diesem unstreitig biographischen Abschnitte auch ein von dem Historiker der Vita gebrauchter Ausdruck findet „sublevaret" § 3; vgl. dazu c. 9, 7 und 10, 1 [311]).

c. 24, 6—8a: Die sachliche Epitome setzt wieder ein; das unbestimmtere „plurimi" wird sogleich durch „speciatim" näher ausgeführt (§ 6); vgl. ferner „tunc", chronologische Anknüpfung, desgleichen die Proprietät des Ausdrucks. Cf. 15, 7 vonsciten des biographischen Materials, und zwar MM.

Als Resultat dieser Einzeluntersuchung ergibt sich für uns mithin, daß von c. 23, 10 an wieder sachlich-historisches Material in der Vita vorliegt, das sich auch in allen einzelnen Fällen gut und sicher nachweisen läßt, nämlich in 23, 10; 12/13; 16 sowie in 24, 1/2; 6—8a. Das übrige ist auf biographische Durch- und Überarbeitung zurückzuführen, wobei, soweit wir noch erkennen können, sowohl Spartianus als auch der Schlußredaktor ihre Hände mit im Spiele gehabt haben; 23, 11 eignet dem Theodosianer zu; ebenso aller Wahrscheinlichkeit nach 24, 3—5; eine weitere Abgrenzung im einzelnen in dieser Beziehung ist weder mit Sicherheit möglich noch geschichtlich wertvoll.

---

310) Vgl. oben S. 85 f.. Siehe noch S. 106; aus diesem Vergleich mit c. 24, 12 ff. erhellt, daß wir es in c. 24, 3—5 höchstwahrscheinlich nur mit dem Schlußredaktor zu tun haben.

311) Vgl. S. 102 zu c. 23, 10!

Die letzten Tage und den Tod des Kaisers Hadrianus selbst behandelt die Vita in c. 24, 8 b — 27, 4. Auch hier ist es nicht immer leicht, zu entscheiden, ob wirklich sachliches Gut vorliegt, im großen und ganzen aber werden wir zu einem befriedigenden Ergebnis gelangen können.

Zunächst ist § 8b—11 klar und sachlich gehalten: das Wort des Antoninus, von dem § 9 berichtet, ist innerlich vollkommen begründet; es steht auf derselben Stufe wie c. 5, 3 oder 11, 3 die mitgeteilten Äußerungen Hadrians. Interessant ist ferner in § 10 besonders „qui tamen ab Antonino servatus est"; vgl. hierzu von biographischer Seite c. 25, 8: „et ob leves offensas plurimos iussit occidi, quos Antoninus reservavit". Man bemerke, daß der sachliche Autor der Vita nichts zu bemänteln oder zu verschweigen gesucht hat. Die Anerkennung, die er § 11 der fortgesetzten öffentlichen Tätigkeit des greisen Herrschers zollt, ist auf dem Boden seiner freien Überzeugung erwachsen und historisch noch für uns von größter Wichtigkeit [312]) Das „statimque" ebenda kennzeichnet abermals die chronologische Anordnung.

Wie aber verhält es sich mit c. 24, 12—13, sowie 25, 1—4? Auch in diesem Abschnitte fehlen keineswegs chronologische Indizien: § 12 post testamentum — iterum; § 1 ea tempestate[313]) — iterum. Auf der anderen Seite ist klar, daß c. 25, 1—4 im höchsten Maße ungereimtes Zeug uns überliefert hat; nicht, weil es sich um Omina handelt; auch der sachliche Gewährsmann ist dem Vorzeichenglauben seiner Zeit bis zu einem gewissen Grade ergeben gewesen und hat, in mancher Beziehung sogar für unser Gefühl viel zu ausgiebig, von solchen Mitteilung gemacht[314]); sondern deswegen, weil die erste hier berichtete Wundergeschichte überhaupt keinen, die zweite nur sehr zweifelhaften Sinn hat. § 1—2 ist weiter nichts als ein wüstes Phantasma, dem jede Pointe fehlt; § 3—4 ist vielleicht nur eine andere, einfachere Version; die erwähnte Besserung in Hadrians Befinden hat im übrigen (§ 6!) auch nicht vorgehalten. Dabei herrscht biographische Unbestimmtheit: „quaedam mulier" § 1 und „quidam vetus caecus" § 3. Nach MM soll es sich überhaupt nur um „per simulationem facta" gehandelt haben (§ 4). Somit haben wir c. 25, 1—4 unbedenklich als biographische Zutat auszuscheiden. Ihre ursprüngliche Quelle scheint MM zu sein.

---

312) Vgl. S. 119.
313) Vgl. 4, 2 „qua ... tempestate", dort sachlich!
314) Vgl. S. 10.

C. 24, 12 wird mit dem Vorhergehenden durch ein „et ... quidem" verbunden; ich mache zunächst darauf aufmerksam, daß ebenso c. 24, 3 ff. der biographische Einschub an das Vorhergehende angeknüpft war. § 13 setzt ein „petit et ..." vgl. c. 25, 3 „venit et ...". Es hat also den Anschein, daß an diesen beiden Stellen dieselbe Hand geschrieben hat, mit der wir bei Gelegenheit jener biographischen Zutaten zu rechnen hatten. Ein ganz bestimmtes Indicium für die Richtigkeit einer solchen Annahme kommt hinzu: ich meine das Wort 'saevior' in § 12. Es bezieht sich auf die spezifisch Marianische Auffassung von dem Charakter des Kaisers c. 14, 11 „saevus clemens"[315]); wir sind ihm außer in c. 24, 4 („saevienti") auch in c. 21, 3 begegnet, an letzterer Stelle in Verbindung mit „ioculare" deutlich seine Herkunft von MM verratend. Es ist deswegen gewiß nicht zu weit gegangen, wenn wir c. 24, 12—13, endlich noch in Anbetracht der eben § 13 erzählten Schauergeschichte, nicht nur als biographischen Ursprunges aus dem sachlichen Zusammenhange ausscheiden, sondern diese beiden Paragraphen auch wie c. 25, 1—4 dem MM und dem Schlußredaktor zuweisen, auf den dann auch der „et ... quidem"-Einschub 24, 3—5 zurückführt (vgl. S. 104).

Mit c. 25, 5 stehen wir wieder inmitten des sachlichen Bestandes: das zeigt sowohl die Exaktheit der chronologischen Disposition als auch die Präzisität der knapp gefaßten, vortrefflichen Art des Ausdruckes: jedes Wort ist in § 5 und 6 an seinem richtigen Platze. Falsch hingegen ist die mit „que" angeschlossene Nachricht des § 7, welche in c. 27, 3 wiederholt wird. „Invisus omnibus" zeigt die biographische Herkunft; vgl. c. 9, 1; 23, 11. Über § 8 ist bereits S. 100 f. im Zusammenhange mit den anderen Stellen, die den Tod des Servianus berichten, gehandelt worden. Wir haben es dort als sehr wahrscheinlich bezeichnet, daß der Paragraph aus MM stamme: durch „et ... quidem" ist an ihn ein angebliches Gedicht Hadrians („dicitur"!) angefügt, dessen „iocos" ebenso für MM sprechen[316]); wir können demzufolge nunmehr mit Sicherheit MM als Quelle für § 7—10 aufstellen. § 11 schließt sich ganz ungezwungen an die Datumangabe für den Tod des Kaisers die Berechnung seiner Lebens- und Regierungsdauer an.

Nach V. 25, 11 hat Hadrian 62 Jahre 5 Monate 17 Tage gelebt. Nach V. 1, 3 ist er am 24. Januar 76 geboren; nach V. 25, 6 am 10. Juli 138 gestorben. Das ergibt genau die angegebene Lebens-

---

315) Vgl. oben S. 85 f.    316) Vgl. S. 88.

dauer. Gleichfalls stimmt die Zeitangabe der Herrschaft Hadrians: 20 Jahre 11 Monate[317]). V. 4, 7 zufolge ist Hadrian am 11. August 117 zur Regierung gekommen und hat diesen Tag offiziell als den seines Regierungsantrittes zu feiern bestimmt; bis zum 10. Juli 138 einschließlich gerechnet sind genau 20 Jahre und 11 Monate verlaufen. Ebenso gibt Dio c. 23, 1 die Dauer der Herrschaft des Kaisers an; dagegen berechnet er hier sein Alter auf 62 Jahre 5 Monate 19 Tage, was sich den vorzüglichen Angaben des sachlichen Bestandes der Vita gegenüber nicht aufrecht erhalten läßt.

Was in der Vita Hadriani auf c. 25 folgt, ist durchweg biographisches Material, in welchem die Hand des Schlußredaktors eine bedeutsame Rolle spielt. Die „fuit"-Charakteristik c. 26, 1 ist von ihm in die Vita gebracht worden[318]); ein Blick auf die Vita Pertinacis 12, 1 zeigt deutlich den gleichen Ursprung beider Charakteristiken:

V. Hadr. 26, 1: „statura fuit procerus, forma comptus, flexo ad pectinem capillo, promissa barba, ut vulnera, quae in facie naturalia erant, tegeret, habitudine robusta."

V. Pert. 12, 1: „fuit autem senex venerabilis, immissa barba, reflexo capillo, habitudine corporis pinguiore, ventre prominulo, statura imperatoria, eloquentia mediocri et magis blandus quam benignus nec umquam creditus simplex."

An beiden Stellen kehrt das gleiche Schema wieder, auch die Stichworte sind die gleichen: statura, capillus, barba, habitudo. Dem entspricht wahrscheinlich auch der historische Wert. Fast noch auffälliger ist die Konkordanz mit V. Pesc. Nig. 6, 5:

„fuit statura prolixa, forma decorus, capillo in verticem ad gratiam reflexo, vocis canorae . . . . ."

Gleichwohl finden sich selbstverständlich in dem, was biographische Überlieferung über die Persönlichkeit der Kaiser ist, wie schon zur Genüge betont, auch Züge, die geschichtlich, bisweilen sogar geschichtlich bedeutsam sind; das ersehen wir z. B. sogleich aus der Betonung der Neigung Hadrians für körperliche Strapazen und für die Jagd, die c. 26, 2—3 erfolgt[319]). In „ambulavit" § 2 klingt noch der terminus technicus nach[320]). Zu § 4—5 ist weiter nichts

---

317) Es ist wohl unnötig, näher zu begründen, daß die Zahlenkorrektur des Casaubonus lediglich die durch Versehen bez. Mißverständnisse entstellte ursprüngliche Überlieferung wieder herstellt.
318) Vgl. meine „Beiträge" S. 129.
319) Vgl. S. 11.   320) Vgl. S. 59, Anm. 144.

hinzuzufügen, als daß auch hier wahrscheinlich der Schlußredaktor vorliegt, wenigstens nach den von ihm beliebten Übertreibungen zu urteilen, die sich ebenso in § 2—3 geltend machen:

c. 26 § 2 plurimum — semper;
§ 3 frequentissime — semper;
§ 4 tragoedias, comoedias, Attelanas, sambucas, lectores, poetas — semper;
§ 5 mire exaedificavit — celeberrima.

C. 26, 6—10 folgen die „signa mortis" des Kaisers: „signa mortis haec habuit"; vgl. Vita Pertinacis 14, 1: „signa interitus haec fuerunt"; Vita Severi 22, 1: „signa mortis eius haec fuerunt". Bereits hieraus geht zur Genüge hervor, daß an diesen Stellen überall die gleiche Hand geschrieben hat[321]). Ob es die Spartians oder die des Theodosianers gewesen ist, hat sich bisher noch nicht absolut sicher entscheiden lassen; die Frage ist quellenkritisch nur von geringem Belang. Die weitaus größere Wahrscheinlichkeit spricht für Spartianus. — Noch könnte man bei c. 27 daran denken, daß vielleicht in irgend einer Weise sachliches Material in Frage stehe; denn der Historiker der Vita berichtet in ihm, so wie es uns eben jetzt vorliegt, an keiner Stelle von dem allgemeinen Hasse, der Hadrians Andenken sogleich nach seinem Tode zuteil ward. Das ist entschieden auffallend, und so könnte man annehmen, daß in diesem Kapitel, welches sich mit den an den Tod des Herrschers anschließenden Ereignissen in im allgemeinen gemäßigter und vernünftiger Weise beschäftigt, noch einmal die sachlich-historische Quelle zu Worte komme. Ich glaube jedoch aus zwei Gründen, daß dies nicht der Fall sei. Einmal erscheint mir die Einleitung „in mortuum cum a multis multa sunt dicta" biographisch vage. Wo wir einen derartigen Überblick von sachlicher Hand besitzen, wie in der Vita Iuliani 9, 1—2, da sind ganz präzise Angaben gemacht, deren jede ihren ganz speziellen Sinn hat; wo etwas ähnliches von biographischer Seite vorkommt, wie z. B. Vita M. Antonini Philos. 29, 1, da tritt auch die biographische Unbestimmtheit mehr oder minder klar in Erscheinung[322]). Zum zweiten haben wir es in c. 27 mit dem angeblichen „sepulchrum apud Puteolos" zu tun, das wir 25, 7 als ein biographisches Mißverständnis ausscheiden zu müssen meinten[323]). Hinzu

---

321) Vgl. meine „Beiträge" S. 59, ebd. S. 70!
322) „Ad varios honores" ebenda. — Zur Vita Iuliani vgl. meine „Beiträge" besonders S. 29 f.
323) Siehe S. 106.

kommt, daß wir aus Vita Anton. Pii 5, 1 ersehen, daß der sachliche Autor[324]) ganz richtig um die Überführung der sterblichen Überreste Hadrians nach Rom Bescheid gewußt hat, wie er ja auch andererseits des „sepulchrum" des Kaisers in Rom V. Hadr. 19, 11[325]) zutreffend Erwähnung tut. Wir müssen infolgedessen annehmen, daß c. 27 auf biographischer Basis beruht und daß die Schlußworte des sachlichen Autors von dem ersten oder zweiten Kompilator zugunsten des biographischen Materials unterdrückt worden sind[326]).

Es ist darauf hinzuweisen, daß Dios tatsächliche Mitteilungen im großen und ganzen die des sachlichen Exzerptes der Vita bestätigen. Ich hebe hier nur einige Hauptpunkte hervor: Dio Cassius c. 20, 2—3 kann in einem gewissen Sinne zur Erläuterung der Worte „sibi forma commendatum" V. 23, 10 dienen. Daß Commodus zur Zeit seiner Adoption nicht krank oder auch nur leidend gewesen ist, geht aus dieser Rede, die Dio dem greisen Kaiser in den Mund legt, ebenso wie aus V. 23, 10 und 12—13 (sachlich!) mit Gewißheit hervor; Cassius widerlegt sich hier selbst. Vgl. c. 17, 1. Es ist dabei wiederum recht interessant zu sehen, was wir schon öfters zu beobachten Gelegenheit hatten, daß nämlich Dio es nicht verschmäht hat, sich zum Interpreten der sogenannten biographischen Tradition zu machen; cf. c. 17, 1 und V. 23, 15 (biographisch!). Zu der 'lex adoptionis' V. 24, 1—2 ist Dio c. 21 heranzuziehen[327]). Über die magischen Zaubereien c. 22, 1 vgl. V. 25, 1—4; abermals stehen sich Dio und

---

324) Es bedarf glücklicherweise keines langen Nachweises, daß V. Anton. Pii 5, 1 wirklich sachlich-historischen Ursprungs ist; denn die Worte, die in diesem Paragraphen vorkommen, „sancte ac reverenter" sind eine spezifisch sachliche Wendung; vgl. Vita Iuliani 1, 7 „sancte ac diu", worüber in meinen „Beiträgen" S. 27 gehandelt worden ist.

325) Vgl. S. 92 f. Die 'horti Domitiae' lagen auf dem rechten Tiberufer in unmittelbarster Nähe des Mausoleum Hadriani bez. um dieses selbst herum.

326) Man könnte die Frage aufwerfen, was es denn eigentlich mit dem 'sepulchrum apud Puteolos' für eine Bewandtnis hat. Vermutlich liegt die Sache so, daß Hadrians Leiche zunächst von Baiae nach Ciceros Villa bei Puteoli überführt worden und in ihr verblieben ist, bis Antoninus seine durch die Haltung des Senates erschwerten Anordnungen getroffen hatte. Daraus kann das irrtümliche „sepultus est" V. 25, 7 entstanden sein. Möglicherweise hat Antoninus hier seinem Vater einen Tempel errichten lassen.

327) Die Vita nennt die beiden Adoptivsöhne des Antoninus „Annium Verum et Marcum Antoninum". Es müßte an ersterer Stelle „Lucium Verum" heißen, da aus der Wahl der Bezeichnung „Marcus Antoninus" hervorgeht, daß die späteren Namen gemeint sind. Der Irrtum ist wohl kaum auf den sachlichen Gewährsmann selbst zurückzuführen.

biographische Überlieferung nahe. Hadrians Lebensüberdruß c. 22, 1—3 und c. 17, 2—3 wird gleichermaßen durch den sachlichen Text der Vita 24, 8 ff. bestätigt. Aus Dio ersehen wir ferner, daß der Name des V. 24, 8 erwähnten 'servus' Mastor und er selbst ein Jazyge gewesen ist[328]). Daß Hadrian in Baiae gestorben sei, erwähnt Dio nicht, wohl aber den richtigen Platz seiner Beisetzung[329]). Auch ist hervorzuheben, daß Dios Gerechtigkeitsgefühl schließlich c. 23, 2 über seine sonstigen weniger lobenswerten Neigungen für biographisch-sensationelle Mitteilungen den Sieg davongetragen hat, indem er sagt: „οὗτος ἐμισήθη μὲν ὑπὸ τοῦ δήμου, καίτοι τἄλλα ἄριστα αὐτῶν ἄρξας."

Noch haben wir mit einigen Worten der kleinen späten Autoren zu gedenken. Unter ihnen hat Aurelius Victor De Caesaribus c. 14, 4 ff. große Konfusion angerichtet. Er wirft den Aufenthalt Hadrians in seiner Villa zu Tibur (vgl. V. 26, 5), die sonst durch nichts bezeugte Übergabe der Stadt an den Caesar L. Aelius und das angeblich berüchtigte Verhältnis zu Antinoos in der unklarsten Weise zusammen; augenscheinlich ist ihm jeder zeitliche Maßstab verloren gegangen. Den Tod des Aelius Cäsar berichtet § 9. Was darauf über die Erwählung des Antoninus dargeboten wird, ist lediglich ein, noch dazu vermutlich recht spätes, biographisches Märchen. § 11 erwähnt Todesbefehle des „geistig geschwächten" Kaisers (cf. § 9) gegen einen „großen Teil" des Senats. Der Todesort Baiae ist § 12 bekannt, ebenso die Todesart „tabes". Die Regierungsdauer wird in irreführender Weise angegeben: „anno imperii absque mense vicesimo secundo". Geradezu kostbar ist der Schluß des Kapitels § 13—14 und für den braven, beschränkten Victor selten bezeichnend: vgl. S. 45, Anm. 107[330]).

Die Charakteristik Hadrians, die die Epitome c. 14 mit einigen Unterbrechungen § 2—7 zu geben versucht hat, bestätigt unsere bereits S. 45 f. erwiesene Annahme, daß von ihrem Autor unter anderen Quellen vorzüglich die Vita Hadriani eben in der Gestalt, in welcher sie auch uns vorliegt, benutzt worden ist. So erinnert § 2 „sed et ceteris disciplinis, canendi, psallendi medendique scientia, mu-

---

328) Zu der Erwähnung der Jagden des Herrschers c. 22, 2 vgl. S. 11, ebenso S. 107.   329) Siehe S. 108 f.
330) C. 14, 13—14: „at patres ne principis oratu quidem ad Divi honorem eidem deferendum flectebantur; tantum amissos sui ordinis tot viros (cf. § 11!) maerebant. sed postquam subito prodiere, quorum exitium dolori erat, quique suos complexi, censent quod abnuerant".

sicus, geometra, pictor ..." lebhaft an V. 14, 9: „arithmeticae, geometriae, picturae peritissimus. iam psallendi et cantandi scientiam prae se ferebat"; § 6 „varius, multiplex, multiformis" an V. 14, 11 „et semper in omnibus varius"; ebenda „clementiam simulans" an V. 14, 11 cf. 21, 3; 23, 7. Zu „contraque dissimulans ardorem gloriae quo flagrabat" (§ 6 Schluß) vgl. V. 16, 1. Die bekannten biographischen Wörter 'iocus', 'iactare', 'saevire' kommen auch in der Epitome vor: § 7, 8 bezw. 12. § 8 geht dann noch über die biographische Entstellung der Vita 23, 9 hinaus: „Sabina ... ad mortem voluntariam compulsa est". Zu § 9 vgl. V. 23, 1—8; zu § 10 V. 17, 10ff. § 11 ist der Mitteilung der Reformtätigkeit Hadrians gewidmet. § 12 gibt abgerundet die Lebensdauer des Herrschers richtig auf 62 Jahre an.

Eutropius VIII c. 7, 2 steht, wie schon c. 6, 1[331]), im Banne der biographischen Überlieferung: „non magnam clementiae gloriam habuit". Doch wird ebenda die Fürsorge für Staatsschatz wie Kriegszucht anerkannt. C. 7, 3 wird das Alter, das Hadrian erreicht hat, ganz rund auf 60 Jahre angegeben, die Regierungsdauer auf 21 Jahre 10 Monate 29 Tage präzisiert, also wieder genau ein Jahr zu viel, da man bei nur einigermaßen verschiedener Zählungsweise statt auf 20 Jahre 11 Monate auf einen Tag weniger kommen kann; hat doch Hadrian seine Herrschaft am 11. August angetreten, am 10. Juli beschlossen. § 3 endet mit einer richtigen Wiedergabe des Versuches der senatorischen Rache.

Über die christliche Überlieferung des Orosius Adversus paganos VII c. 13 ist nach dem Seite 46 und 72 Gesagten nichts mehr hinzuzufügen [332]). —

Als Kaiser Hadrian nach der Niederwerfung des jüdischen Aufstandes im Frühjahr 134, spätestens in den ersten Tagen des Mai dieses Jahres, nach Rom zurückgekehrt war, stand der Herrscher in seinem 59. Lebensjahre. Das ist ein Alter, welches für manche Männer der Geschichte einen Teil ihrer ἀκμή bedeutet hat. Auch Hadrian hat in den auf seine Rückkehr nach Rom folgenden Jahren

---

331) Vgl. S. 46.
332) Der Vollständigkeit halber sei an dieser Stelle noch des Briefes Hadrians bei Vopiscus, V. Saturn. c. 8 Erwähnung getan. Dürr vertritt a. a. O. S. 88 ff. die Ansicht, daß der Brief echte Bestandteile in sich berge. M. E. ist derselbe lediglich eine späte und im übrigen sehr ungeschickte Fälschung, aus der wir historisch gar nichts lernen können. Er ist einfach eine rhetorische Übung über den Charakter der Ägypter. Die „libri Phlegontis liberti eius" sind mehr als zweifelhaft; vgl. V. Hadr. 16, 1 (S. 84 ff.) oder V. Sev. 20, 1 („Beiträge" S. 58).

noch Bedeutendes geleistet. Ich erinnere nur einerseits an den Bau seiner Tiburtinischen Villa oder den seines eigenen Grabmals, der späteren Engelsburg, die als solche bis auf den heutigen Tag die Jahrhunderte überdauert hat. Daß Hadrian andererseits auf dem Gebiete der Rechtspflege, der Verwaltung, des Staatslebens überhaupt in unausgesetzter Tätigkeit vorwärts strebte, wird sowohl direkt durch das sachliche Exzerpt der Vita bezeugt, als es bei einer derartig rastlosen Natur wie Hadrian selbstverständlich ist [333]). Noch wenige Wochen vor seinem Tode hat er trotz der qualvollsten Leiden des Körpers und Geistes die Staatsgeschäfte keineswegs vernachlässigt [334]).

Gleichwohl ist die außergewöhnliche körperliche Widerstandsfähigkeit des Princeps bereits im Jahre 134 untergraben gewesen. Die Strapazen der Reisen, die fast übermenschliche Arbeitslast, die dieser Mann wie selbstverständlich auf sich genommen und Jahre hindurch in treuester Pflichterfüllung bewältigt hatte, die fast ständige Veränderung des Wohnsitzes, sowie besonders die bisweilen rücksichtslose Geschwindigkeit des kaiserlichen Zuges, über die wir S. 79 ff. uns genauer unterrichten konnten, haben ihre nachteiligen Wirkungen auf Hadrian nicht verfehlt. All das wird noch bedenklicher, wenn man sich erinnert, daß gerade in der heißesten Zeit des Jahres, im Hochsommer, der in jenen Gegenden oft Temperaturen von über 40° C im Schatten hervorruft, der Kaiser die syrischen und arabischen Wüsten mit einer Schnelligkeit durchzogen hat, die in der Tat, wenn man seine organisatorischen etc. Leistungen in dem gleichen Zeitraum in Betracht zieht, ans Fabelhafte grenzt. Ein letztes schwerwiegendes Moment kommt hinzu: die tiefgreifenden und heftigen Gemütserschütterungen, die Hadrian im Laufe seines Lebens zuteil geworden sind. Zunächst die jahrelange Ungewißheit (106 bis 117 n. Chr.), ob er adoptiert werden würde oder nicht, eine Ungewißheit bei dem Bewußtsein der eigenen Tüchtigkeit um so peinvoller, als von dieser Frage nicht nur die Macht, sondern vermutlich auch das Leben abhing. Weiter die niederträchtigen Verleumdungen nach seiner Adoption und Erhebung, die Erregungen der mißglückten Verschwörung, die schwierige Lage in Rom während der ersten Jahre (118—120 n. Chr.), die trübe Überzeugung, daß der größte Teil des Volkes und des Senates der Stadt dem Kaiser trotz all seines Bemühens in lächerlich kleinlicher Ablehnung, wenn nicht

---

333) Vgl. S. 24 f.    334) V. 24, 11!

mit Gefühlen des Hasses gegenüberstand³³⁵). So hat sich der Herrscher den Provinzen zugewandt und ihnen die Segnungen seiner persönlichen Aufsicht und Tätigkeit in großartigem Umfange wie kein anderer Kaiser vor und nach ihm gegeben. Für eine Natur wie Hadrian war es einfach eine Unmöglichkeit, in dem engen, durch tausenderlei unsinnig gewordene Rücksichten beschränkten Kreise Roms, das noch immer den Anspruch erhob, die Welt zu bedeuten, zu sein, die besten Jahre seines Lebens zu verbringen inmitten einer Atmosphäre, die ihre geheime Abneigung ihm in jeglicher unredlicher Weise entgegentrug³³⁶). Es erging ihm hier, wie dereinst den Generälen Traians gegenüber; die Mehrzahl hätte ihn nicht verstehen können, selbst wenn sie es aufrichtig gewollt. Nun aber wollte sie nicht einmal. Auf den Krieg hatte Hadrian verzichtet³³⁷), daher suchte und fand er jetzt einen weiteren Wirkungskreis, den größten und schönsten, den er sich hätte wählen können, den gewaltigen Körper des Reiches, der an den mannigfachsten Schäden krankte, dessen Kraft die Stärke der 'Roma aeterna' verbürgte.

Doch auch hier haben schädliche Einflüsse auf Hadrians Gemütsleben nicht gefehlt. So hat auf ihn zuerst sehr ungünstig die häusliche Katastrophe in Britannien eingewirkt, die ihm die Gewißheit gab, daß er nicht nur an ein ungeliebtes, unliebenswürdiges und launisches, sondern auch an ein törichtes Weib dauernd gefesselt war, das die Absichten ihres Gemahls ebensowenig verstand wie sich ihnen unterordnete, das im Gegenteil ihnen in kompromittierender Weise direkt entgegen zu wirken kein Bedenken trug³³⁸). Es ist dem Kaiser auf das höchste anzurechnen, daß er trotzdem, soweit das an ihm lag, die eheliche Gemeinschaft nach außen hin aufrecht erhalten und Sabina keine von den Rücksichten und Ehrungen versagt hat, auf die die Kaiserin Anspruch erheben durfte³³⁹).

---

335) Vgl. S. 48 f., Dio c. 23, 2 (S. 110).

336) Es ist hochinteressant, unter diesem Gesichtspunkte einmal das biographische Material zu verfolgen; Hadrian konnte tun und lassen, was er wollte, stets gab man dem eine ungünstige oder gar verbrecherische Deutung:
a) Adoption V. 4, 5 u. 8—10;
b) Übernahme des Imperium im Orient und in Rom;
c) Verhalten zu Attianus, praef. praet., V. 9, 1—5; vgl. die betr. kritischen Erörterungen.

337) Siehe noch unten S. 115 f.     338) Vgl. S. 63.

339) So erhielt Sabina gleichzeitig mit der Annahme des Beinamens 'pater patriae' durch ihren Gatten den Titel Augusta, vermutlich am 21. April 128; vgl. Dürr a. a. O. S. 32, Anm. 122.

Im Jahre 122 ist der Tod der Kaiserinwitwe Plotina erfolgt und hat Hadrian, der in ihr eine der besten Frauen seiner Zeit schätzte, auf das tiefste ergriffen [340]). Bald darauf hätte dem Kaiser im Winterlager zu Tarraco (122/3) der Angriff eines wahnsinnigen Sklaven beinahe das Leben gekostet; nur der eigenen Geistesgegenwart und Körperstärke hatte er seine Rettung zu verdanken [341]). Und wenn Hadrian nach ihr äußerlich auch nicht die geringste Gemütsbewegung verriet und seine Handlungsweise gegen den Geisteskranken von einer fast einzigartigen Humanität zeugt, so werden wir doch die Annahme vertreten können, daß auch dieses Ereignis einen nachhaltigen Eindruck auf das Innenleben des Princeps nicht verfehlt hat.

Nach der Niederwerfung des Maurenaufstandes, nach der Beilegung der parthischen Gefahr und der Ordnung des Orientes hat sich Hadrian in seiner Lieblingsstadt Athen eine Rast von ca.[342]) 10 Monaten gegönnt. Hier hat er aus dem Jungbrunnen der Kunst und großer geschichtlicher Erinnerungen neue Kraft für die Folgezeit geschöpft. Es ist wohl richtig, wenn wir die fünf Jahre von diesem ersten Besuche Athens bis zu dem Untergang des Antinoos (Herbst 125 bis Herbst 130) als die glücklichste Periode in dem Leben des Menschen Hadrian bezeichnen. Sie hat ihren Höhepunkt in dem allerdings weniger ausgedehnten zweiten Aufenthalte in Athen, der etwa 4 Monate umfaßt hat (Juni bis Oktober 129), erreicht. Bald darauf ist die erste Trübung in der Reihe derer eingetreten, die das Lebensende des Kaisers in so unheilvollem Maße umdüstert haben. Wir wissen nicht mehr, worum es sich hierbei gehandelt hat, aber das ersehen wir klar, daß Hadrian von den Bürgern der syrischen Weltstadt Antiocheia, in der er einst die Kaiserwürde übernommen hatte, aufs äußerste gereizt und gekränkt worden ist, so daß er in schwerer Erbitterung von der Stadt schied. In dieselbe Zeit, den Sommer 130, fallen die ersten unbeachteten Anfänge der jüdischen Erhebung, die sich infolge ihrer Vernachlässigung zu einem furchtbaren Brande entfachen sollte.

Am 30. Oktober 130 hat Hadrian seinen Liebling Antinoos in den Wellen des Nils verloren. Der Eindruck dieses Unglücksfalles auf den Kaiser ist, wie wir schon einmal hervorhoben [343]), ein geradezu überwältigender gewesen. Er bezeichnet das entscheidende Moment für die Umdüsterung der letzten Jahre des Herrschers. Schon

---

340) Siehe S. 64.   341) Vgl. S. 65.
342) September 125 bis Juni 126 ungefähr.   343) Vgl. S. 78 f.

die Zeitgenossen haben die Gewalt des kaiserlichen Schmerzes sich nicht recht zu deuten gewußt; sie haben entweder mit Spott, Entstellung und Verleumdung oder mit scharfem Tadel ihrer gedacht. Bei dem Fehlen jeglicher eingehender zuverlässiger Überlieferung werden wir noch viel weniger zu einem gesicherten Ergebnis kommen können. Nur das eine scheint festzustehen, daß in Hadrian nicht enttäuschte Sinnlichkeit den Lustknaben Antinoos beweinte, sondern daß alles, was in ihm an Schönheitsgefühl, persönlicher Hingebung und Zärtlichkeit lebte, sich gegen das Schicksal empörte, das ihm die Verkörperung seiner Träume von körperlicher und vielleicht auch geistiger oder besser gesagt seelischer Vollkommenheit[344]) entrissen hatte. —

Die biographische Überlieferung hat Hadrian unter anderem einerseits eine unbegrenzte Ruhmsucht, andererseits eine lächerliche Tadel- und Verkleinerungssucht vorgeworfen. Es würde zu weit führen, auf die zweite Beschuldigung einzugehen, da sich diese in vollem Umfang nur nach Berücksichtigung der archaistischen Geschmacksrichtung Hadrians und seiner künstlerischen sowie hellenisierenden Bestrebungen erledigen läßt. Der erste Vorwurf aber ist ungerecht. Der Leitstern des Lebens dieses Kaisers ist die Pflicht gewesen, nicht der Ruhm. Ruhm sucht und findet ein Fürst vornehmlich im Kriege, wenn er ein derartig genialer Feldherr ist, wie Hadrian es war, und wenn ihm die größte Militärmacht der Welt zur unbeschränkten Verfügung steht. Hätte Hadrian die Eroberungspolitik seines Vorgängers fortsetzen wollen, für ihn persönlich wären daraus wahrscheinlich viel weniger Gefahren erwachsen als in dem umgekehrten Falle; denn die Generäle Traians wollten den Krieg, und ein großer Teil der Opposition stützte sich darauf, daß Hadrian ausgesprochen friedliche Bestrebungen verfolgte. Dennoch hat Hadrian von allem Anfang an auf den Krieg klar und bestimmt Verzicht geleistet, weil er wußte, daß in dieser Hinsicht auch die glänzendsten äußeren Erfolge doch zu teuer erkauft waren, daß eine konsequent durchgeführte Expansionspolitik letztlich den Zusammenbruch des Reiches und der Kultur bedeutet hätte. Hadrian aber erkannte es als seine Pflicht, das Reich und seine Kultur zu erhalten und zu kräftigen, und nach dem, was er als richtig für die Gesamtheit, an deren Spitze er berufen war, bereits erkannt hatte, als er

---

344) Vielleicht war es die Vereinigung der hinreißenden körperlichen Schönheit des bithynischen Jünglings mit der seiner naiven Psyche, bei der sich Hadrians höchst gesteigerte Sensibilität immer von neuem Erholung suchte?

zur Herrschaft kam, hat er sein Leben lang gehandelt. So hat er sein Wort eingelöst „ita se rem publicam gesturum, ut sciret populi rem esse, non propriam" und seine Pflicht getan. Das ist groß, das Größte überhaupt, das es für einen Herrscher geben kann[345]).

Gleichwohl ist Hadrian in den schweren jüdischen Krieg verwickelt worden nicht ganz ohne eigene Schuld, wie von vornherein zuzugeben ist[346]). Die Greuel des mehrjährigen Krieges haben auf Hadrians Innenleben gewiß auch schädigend eingewirkt und die häufigen Gemütserregungen die bereits schwankende Gesundheit des von Natur überaus kraftvollen, aber schonungslos in Anspruch genommenen Körpers vollends untergraben. So war Hadrian, als er im Frühjahr 134 nach Rom zurückkehrte, im Grunde ein körperlich und geistig siecher Mann. Das hat der Kaiser gefühlt, und er hat, wie ein guter Hausvater das zu tun pflegt, sein Haus bestellt: er hat seinen letzten Ruhesitz geschaffen, die wundervolle Villa zu Tibur, und sein Grabmal erbaut, das Mausoleum Hadriani auf der anderen Seite des Stromes... In der ersten Hälfte des Jahres 136 hat er den L. Ceionius Commodus, den Schwiegersohn seines ehemaligen Gegners Nigrinus[347]), der ihn bereits auf der zweiten großen Reise begleitet hatte, an Sohnes Statt angenommen.

Commodus war ein mit körperlichen Vorzügen besonders ausgestatteter junger Mann: vermutlich hat Hadrians Schönheitssinn bei der Adoption eine größere Rolle gespielt, als es den meisten in der Umgebung des Kaisers recht war[348]). Doch scheint der jugendliche Cäsar auch geistig befähigt gewesen zu sein: jedenfalls hielt ihn Hadrian für fähig, das Reich zu übernehmen, und verlieh ihm ein größeres Kommando in Pannonien (sup. und inf.), wo jetzt bereits die Thronfolger und kaiserlichen Prinzen ähnlich wie unter der ersten

---

345) Das ist eben das Erfreuliche selbst noch an der Epitome des sachlichen Autors der Vita, daß sie uns diese Zusammenhänge klarer bewahrt hat als irgend eine andere unserer litterarischen Quellen.

346) Man muß eigentlich aus den Maßregeln Hadrians, die hauptsächlich den Ausbruch der Empörung bedingten, das Gegenteil von dem schließen, was bis jetzt meistens angenommen worden ist. Der Kaiser hat sich um die jüdische (und die christliche!) Religion so herzlich wenig gekümmert, daß er nicht voraussehen konnte, wie sein Verbot der Beschneidung, die Gründung von Aelia Capitolina und der Jupitertempel an der geheiligtsten Stätte des Landes wirken mußten. Palästina war nicht Ägypten, und die jüdische Vergangenheit löste in dem Princeps nicht im entferntesten das Interesse aus wie das Wunderland am Nil.

347) V. 7, 1 ff.: vgl. S. 49.    348) V. 23, 10!

Dynastie am Rhein ihre militärische und administrative Schule durchmachten[349]). Soweit wir aus dem sachlichen Exzerpte der Vita es noch zu erkennen vermögen, hat Hadrian also vollkommen korrekt gehandelt. Warum der allgemeine Unwille gegen die Erhebung des Commodus losbrach, verschließt sich unserem Blicke, vielleicht gerade deswegen, weil den Stadtrömern dieser Herrscher, der die meisten Jahre seiner Regierung außerhalb Roms verbracht hatte, überhaupt nichts recht machen konnte?

Einer der Hauptgegner der Adoption ist der 90jährige Schwager Hadrians Servianus gewesen[350]), wahrscheinlich weil er für den eigenen Enkel, den 18 Jahre alten Fuscus, Adoption und Kaiserwürde erhoffte. Hat sich Servianus in der Tat mit diesem Gedanken getragen, so ist es Hadrian nicht zu verübeln, daß er seinem Schwager durch das Faktum der Adoption des Commodus jede Hoffnung abzuschneiden suchte; denn die Herrschaft des Reiches konnte nicht ohne Nachteil einem kaum erwachsenen Jünglinge anvertraut werden[351]). Einen tiefen Schatten wirft dagegen der erzwungene Tod der beiden auf die letzten Regierungsjahre Hadrians; wir vermögen nicht mehr zu sagen, wie weit ihre Ansprüche noch nach erfolgter Adoption des Commodus gegangen sind und in welcher Art sie sich geltend gemacht haben. Jedenfalls war Servianus von seinem Schwager während der langen Jahre von dessen Regierung sehr verwöhnt worden[352]), ein Teil unserer Überlieferung will sogar davon wissen, daß Servianus von Hadrian eine Zeitlang zum Nachfolger ausersehen gewesen sei. Daß der Princeps ernstlich etwas derartiges geplant hat, ist natürlich vollständig ausgeschlossen: denn ebensowenig wie die Herrschaft eines Knaben hätte dem Reiche die eines Greises gefrommt, der trotz seiner ungewöhnlichen körperlichen Rüstigkeit allein schon infolge seines Alters mit beiden Füßen im Grabe stand. Es ist daher zu vermuten, daß es sich nur um gelegentliche, für Servianus ehrenvolle Bemerkungen Hadrians gehandelt hat[353]), die dann in dem Sinne des biographischen „saevus clemens et semper in omnibus varius"[354]) umgedeutet worden sind.

---

349) Schiller a. a. O. I 2, S. 626.

350) Folglich ist Servianus ca. 45 n. Chr. geboren; Paulina muß mithin die ältere Schwester des Hadrian gewesen sein. In dem kritischen Jahre 97 war Servianus also bereits ein 52jähriger Mann. Vgl. S. 18 f.

351) Fuscus war nach Dio c. 17, 1 im Jahre 136 erst 18 Jahre alt, er wäre daher mit 20 Jahren zur Regierung gekommen.

352) V. 8,10! 353) Dio c. 17,3 eine derartige Äußerung. 354) V. 14,11.

Vielleicht ist damals, als Servianus Ansprüche erhob, zu denen ihm jede Berechtigung fehlte, in dem verdüsterten, krankhaft erregten Gemüte Hadrians übermächtig die Erinnerung an jene Tage emporgestiegen, da dem 22jährigen Jüngling Hadrian eben Servianus in Obergermanien die gefährlichsten Nachstellungen bereitet hatte, die ihm damals die Gunst seines Ohmes und das Reich hätten kosten können ... Wer vermöchte hier heute noch zu entscheiden?[355] —

Gegen Ende des Jahres 137 ist der Cäsar schwer erkrankt und am 1. Januar 138 gestorben, ein harter Schlag für den Kaiser, dessen Leiden sich während der letzten Zeit derart verschlimmert hatte, daß eine baldige Auflösung nicht mehr zu befürchten, nur noch zu hoffen war. Deswegen hat Hadrian so schnell als möglich eine neue Entscheidung über die Nachfolge getroffen. An seinem letzten Geburtstage, dem 24. Februar 138[356] hat er den nur um 10 Jahre jüngeren Arrius Antoninus[357] im Senate zu seinem Nachfolger empfohlen; am 25. Februar ist seine Adoption erfolgt und gleichzeitig mit ihr die Verleihung des 'imperium proconsulare' und der 'tribunicia potestas', also die Erhebung zum Mitregenten des Reiches[358].

Daß Hadrian noch immer an den mit der ersten Adoption verbundenen Plänen festhielt, ergibt sich daraus, daß Antoninus den Sohn des Commodus, den L. Verus adoptieren mußte, ferner den M. Antoninus, den bereits 17jährigen Neffen seiner Gemahlin, welchen der greise Kaiser wegen des festen Charakters, den er bereits durchblicken ließ, besonders bevorzugte. Wiederum erhob sich gegen die Wahl des Kaisers eine starke Opposition, an deren Spitze unter anderen der Stadtpräfekt Catilius Severus stand. Catilius wurde seines Amtes entsetzt; ob in diesem Zusammenhange auch Hinrichtungen erfolgten, die den durch den Tod des Servianus und Fuscus schwer gereizten Senat noch mehr erbitterten, läßt sich nicht mehr sagen: jedenfalls hat sich das Verhältnis zwischen dem todkranken Kaiser, der infolge seiner furchtbaren Leiden bisweilen jegliche Herrschaft über sich selbst verlor, und der hohen Körperschaft in Rom immer unerquicklicher gestaltet.

Die Krankheit und die Schmerzen Hadrians haben sich in den folgenden Wochen bis zur Unerträglichkeit verschlimmert; in seiner

---

355) Vgl. das S. 18 f. Ausgeführte. — Servianus war damals Oberaufseher des Postwesens. 356) V. 26, 6.
357) Er war an dem 19. September 86 geboren; vgl. V. Anton. Pii c. 1, 8.
358) V. Anton. Pii c. 4, 6 f.

Verzweiflung hat der Princeps einen Selbstmordversuch gemacht, der nur durch das persönliche Eingreifen des Antoninus verhindert wurde. Nach dieser äußersten Erregung trat der Rückschlag ein; jetzt hat Hadrian sein Testament verfaßt und sich pflichtgetreu den Staatsgeschäften zugewandt. Zum Sommer hat der Kaiser in Baiae Linderung seiner Leiden gesucht; Antoninus blieb in Rom zurück und übernahm hier vollends die Leitung des Staatswesens. Als die Auflösung seines Vaters bevorstand, ist er von Rom nach Baiae geeilt; in den Armen des Sohnes hat Hadrian am 10. Juli 138 in Baiae seinen Geist ausgehaucht.

Die Leiche des Kaisers scheint zunächst nach Ciceros Villa in dem nahen Puteoli überführt worden zu sein. Sie sogleich direkt nach Rom zu schaffen war kaum angängig, da die lang unterdrückte Erbitterung des Senates gegen Hadrian auf die Nachricht von seinem Tode sich in der heftigsten Weise Luft machte. Der Senat wollte dem Verstorbenen alle die herkömmlichen Ehrungen versagen und über ihn die 'damnatio memoriae' mit all ihren staatsrechtlichen Folgen aussprechen. Wenn er diese Absicht mit einer ungewöhnlichen Energie durchzusetzen versuchte, so ist das durchaus nicht deswegen geschehen, weil Hadrians Regiment in den letzten Jahren wirklich ein derart verwerfliches und unerträgliches gewesen war, als vielmehr darum, weil der Senat jetzt, auch in Anbetracht der Unbeliebtheit des Princeps bei dem städtischen Volke, den ersehnten Augenblick gekommen glaubte, endlich einmal wieder aller Welt seine vorgebliche Macht zu beweisen, da er den Antoninus, der in dem Dienste eben dieses Senates grau geworden war, als ein williges Werkzeug zu kennen meinte und er von ihm keinesfalls auch nur das Geringste befürchtete[359]). In der zweiten Hinsicht hat er sich nicht getäuscht, aber in der ersten war Antoninus unerbittlich: er hat bewirkt, daß dem toten Hadrian nichts an den Ehren geschmälert wurde, die letzthin er wie kein anderer verdiente.

Die sterblichen Überreste Hadrians fanden in seinem eigenen Grabmal in den Horti Domitiae auf dem rechten Tiberufer die letzte Ruhestätte. —

Mit Hadrian ist ein Fürst dahingegangen, dessen komplizierter Charakter schon seinen ihm fast durchgängig übelwollenden Zeitgenossen so viele Rätsel aufgegeben hat, daß sie eben in der Fest-

---

359) Zu der Deferenz des Kaisers Antoninus gegenüber dem Senat vgl. seine Vita 6, 5; 8, 10; 12, 3 (sachlich!).

stellung dieser Rätsel das eigentlich Entscheidende für ihn zu sehen meinten, ein Mann von einer eisernen Energie, einer seltenen Selbstverleugnung und ausgeprägtestem Pflichtgefühl; auf der anderen Seite ein Kind seiner Zeit und deren raffinierter Kultur, eine Persönlichkeit, deren rastloser Tätigkeitsdrang zu einem guten Teile an nervöse Unrast grenzte, mit einem bis ins Überreizte gesteigerten künstlerischen Feingefühl, mit einer tief innerlichen Sehnsucht nach dem, was ihm als Ideal des Lebens vorschwebte, wie sie so wohl nur selten empfunden wird, von wahrer Humanität durchdrungen, die selbst in dem Sklaven noch den Mitmenschen ehrte, alles in allem einer der größten Herrscher, die je gelebt und gewirkt haben, und ein großer Mensch, aber kein glücklicher. —

Wenn ich bei meinen Versuchen einer historischen Rekonstruktion im Anschlusse an das sachliche Exzerpt der Vita an einigen Stellen die Geschichte der Persönlichkeit des großen römischen Kaisers eingehender behandelt habe, so ist das nicht nur deswegen geschehen, weil die sachliche Epitome eine ausgezeichnete Handhabe zu einer derartigen Betrachtung bot, sondern in der Überzeugung, daß in eine große und schöpferische Individualität auf Grund wirklich authentischen Materials aufmerksam und liebevoll sich zu versenken eine der wichtigsten Aufgaben des Historikers ist; denn eben in den großen Männern der Geschichte konzentriert sich der Ideengehalt ihres Zeitalters. Sie gehen nicht sowohl über ihre Zeit hinaus, sie erfüllen sie.

# Schluß

Zum Schlusse haben wir das quellenkritische Facit aus diesen Untersuchungen zu ziehen, das heißt uns im Zusammenhang die Fragen zu beantworten, welche wir in der Einleitung S. 5 f. in Beziehung auf die Bestandteile der Vita aufstellen zu müssen glaubten. Wir werden uns dabei am besten an die dort aufgestellte Reihenfolge derselben halten.

1) Wo haben wir bestimmt mit einem sachlich-historischen Grundstock in der Vita Hadriani zu rechnen?

 a) In der Vorgeschichte des Kaisers c. 1—4:
  c. 1, 1—2, 3;
  c. 2, 5—6;
  c. 2, 10 bis zu den Worten „uxore accepta";
  c. 3, 1—4, 4 wohl mit Ausnahme des Nebensatzes in c. 3, 5:
   „unde hodieque imperatores sine paenulis a togatis videntur";
  c. 4, 6—7.

 b) In der Geschichte der Übernahme des Imperium durch Hadrian im Orient und seines Zuges an die Donau c. 5 und 6 [360]):
  c. 5 und 6.

 c) In der Geschichte der Übernahme des Imperium in Rom und des ersten Aufenthaltes in der Stadt c. 7—9:
  c. 7 und 8;
  c. 9, 6—9 von den Worten „Campaniam petit" an.

 d) In der Geschichte der Reisen c. 10—14, 8 bis zu den Worten „conposuisse iactatur":
  c. 10, 1—11, 3 mit Ausnahme des erklärenden Zusatzes in
   c. 10, 2 „hoc est larido, casco et posca";

---

[360]) Ich habe hier der Übersicht halber die Verschwörung des Nigrinus, die kritisch zu b) gehört, zu c) gezogen.

c. 12, 1—13, 1 nach Ausscheidung der Worte „ioculariter, ut verba ipsa ponit Marius Maximus, retractantibus Italicis, vehementissime ceteris";
c. 13, 3—14, 5.

e) In der Geschichte der Regierungstätigkeit des Kaisers c. 18—22:
c. 18 und 19;
c. 20, 4—5;
c. 22, 1—11;
c. 22, 13.

f) In der Geschichte des Lebensendes des Herrschers c. 23—27:
c. 23, 10 sowie die Worte „(Servianum) quasi adfectatorem imperii (mori coegit)"[361]);
c. 23, 12—13;
c. 23, 16—24, 2 mit Ausnahme der Bezeichnung des Commodus 24, 1 „Helio Vero Caesare";
c. 24, 6—11;
c. 25, 5—6;
c. 25, 11.

Wahrscheinlich sind sachlich-historischen Ursprungs
c. 20, 1—2;
c. 20, 6;
c. 22, 12.

Möglicherweise beruhen endlich auf sachlicher Basis
c. 22, 14.
c. 23, 2—3.

2) Wo sind biographische Zutaten vermutlich von der Hand des ersten Kompilators (Spartianus) vorhanden [362])?
c. 2, 4; ***
c. 2, 7—9;
c. 4, 5;
c. 4, 8—10;
c. 9, 1—5;
c. 10, 2 „hoc est larido, casco et posca"; ***
c. 13, 2; ***
c. 14, 6—8 bis zu den Worten „conposuisse iactatur";

---

361) Die eingeklammerten Wörter sind nicht sachlich-historische Überlieferung.

362) An den mit *** ausgezeichneten Stellen haben wir keine bestimmteren Anhaltspunkte für Spartian als Kompilator finden können.

c. 23, 8—9 mit Ausnahme der Wendung „quasi adfectatorem imperii";

c. 26, 6—10.

Bei den biographischen Einschiebseln in c. 23, 14—15 und 24, 1 „Helio Vero Caesare" läßt sich eine Abgrenzung zwischen Spartianischer und Schlußkompilation kaum mehr durchführen.

3) Liegen in der Vita Elaborate des Spartianus vor?

 c. 9, 6 „summotis his a praefectura, quibus debebat imperium";

 c. 23, 1 „peragratis sane omnibus orbis partibus capite nudo et in summis plerumque imbribus atque frigoribus in morbum incidit lectualem" (in Anlehnung an biographische Tradition vgl. Dio c. 9, 4).

4) Wo treten uns biographische Ein- und Anfügungen des Schlußredaktors, des sog. Theodosianischen Fälschers, entgegen?

 c. 2, 10 „favente Plotina, Traiano leviter, ut Marius Maximus dicit, volente": Fragment des Marius Maximus;

 c. 11, 4—7;

 c. 12, 4 „ioculariter, ut verba ipsa ponit Marius Maximus, retractantibus Italicis, vehementissime ceteris": Fragment des Marius Maximus;

 c. 14, 8—17, 12 von den Worten „fuit enim poematum" an, wahrscheinlich durchgängig aus Marius Maximus;

 c. 20, 3 Fragment des Marius Maximus;

 c. 20, 7—21, 14 vermutlich ganz, jedenfalls überwiegend aus Marius Maximus;

 c. 23, 4—7, davon § 7 bestimmt aus Marius Maximus;

 c. 23, 11;

 c. 24, 3—5;

 c. 24, 12—25, 4, davon 25, 1—4 möglicherweise aus Marius Maximus ganz entnommen; sicheres Fragment desselben in § 4: „quamvis Marius Maximus haec per simulationem facta commemoret";

 c. 25, 7—10 nach Marius Maximus;

 c. 26, 1—5;

 c. 27.

5) Sind in der Vita irgendwo „Fälschungen" des Theodosianers nachzuweisen? [363])

**Nein.**

---

363) Vgl. zu dem Sinne des Wortes S. 1 f., besonders auch Anm. 7.

„Das historisch Wertvolle an dieser Arbeit habe ich vor allem darin gesehen, festzustellen, wie weit der sachliche Bestand ... reicht, um auf diese Weise mit einem Male das wirklich Brauchbare von dem Zweifelhaften, Unbenutzbaren oder Gefälschten zu scheiden. In so fern hat sich die gewonnene Erkeuntnis einer einzigen, zusammenhängend exzerpierten, persönlichen, vorzüglichen sachlich-historischen Quelle als ein wichtiges Ergebnis der Untersuchungen erwiesen."

Diese Worte, die in dem Schluß meiner „Beiträge" S. 124 stehen, kann ich auch an dieser Stelle nur wiederholen, und ich glaube mit den auf S. 122 f. bezeichneten fünf geringfügigen und historisch nicht bedeutsamen Ausnahmen die geschichtlich wichtige Aufgabe meiner Arbeit gelöst zu haben.

Ferner hat sich gezeigt, daß meine bereits in den „Beiträgen" S. 73 ausgesprochene Auffassung von Marius Maximus, der „so lange die Geister beherrscht hat", vollkommen berechtigt ist, daß Marius Maximus auf keinen Fall der Autor des sachlichen Bestandes der Vita sein kann; abermals hat sich bestätigt, daß erst der Schlußredaktor den Marius Maximus in die Kaiserbiographie eingeführt hat. Wenn sich dabei ergeben hat, daß allerdings in der Vita Hadriani größere Abschnitte als gewöhnlich aus ihm entnommen sind, was sich in den Viten von Pertinax bis auf Geta nicht nachweisen ließ, so ist das lediglich ein zufälliges Moment. Wie in der Vita Severi c. 17, 5 ff. von dem Theodosianer aus Aurelius Victor de Caesaribus c. 20 abgeschrieben worden ist, so hat es der Schlußredaktor in der Vita des Hadrian einmal vorgezogen, umfangreichere Partien aus Marius Maximus auszuschreiben und in die Vita aufzunehmen; zu beklagen ist dabei, daß höchstwahrscheinlich diesem Zusatze ähnlich wie in der Vita Severi c. 17, 5 [364]) ein großer Teil des sachlichhistorischen Bestandes zum Opfer gefallen ist, für den wir nicht den geringsten Ersatz mehr haben. Sonst sähen wir über die Geschichte der Jahre 131—135 und speziell die des jüdischen Aufstandes des Bar-Kokaba, vielleicht auch über die Antinoos-Frage klarer.

---

[364]) „Et quoniam longum est minora persequi, huius magnifica illa": folgt Aurelius Victor de Caesaribus; die 'minora' waren die sachlich-historischen Mitteilungen.

# Anhang

## Die Vita des Helius

Die Vita des Helius ist wie diejenige Hadrians unter dem Namen des Aelius Spartianus überliefert. Es wird in dem Folgenden also das Augenmerk auch darauf zu richten sein, ob die Überlieferung berechtigt ist, d. h. ob wirklich mit einem Spartianischen Kern in der Vita Helii zu rechnen ist; denn daß der Schlußredaktor in dieser „Nebenvita" in weitestgehendem Umfange seine Hand mit im Spiele gehabt hat, ist nach den in meinen „Beiträgen" gemachten Erfahrungen so gut wie selbstverständlich.

Die Vita beginnt

c. 1: mit einer Apostrophe an Kaiser Diocletianus, die das gesamte Kapitel erfüllt. In § 1 wird in gewissem Sinne die Exposition der ganzen Sammlung der SHA gegeben, die in derselben auch tatsächlich festgehalten worden ist, da im Corpus allerdings nicht nur die einzelnen Kaiser und Thronfolger, sondern auch des öfteren die Kronprätendenten in Spezialviten behandelt worden sind. § 2 der Relativsatz ist historisch unrichtig. § 3 „et quoniam..." erinnert an die in der Vita Severi c. 17,5 von dem Schlußredaktor gebrauchte Wendung; vgl. S. 124, Anm. 304.

c. 2: In § 1 wiederholt sich der Irrtum von c. 1,2; „peragrato iam orbe terrarum" ist aus der Vita Hadriani c. 23, 1 [365]) übernommen. § 2 „nostris temporibus a vestra clementia" richtet sich wieder direkt an Diokletian. „Maximianus": gemeint ist natürlich nicht der Bruder und Augustus Maximianus, den Diokletian um den 17. September 285 zunächst zum Cäsar erhoben und mit der 'tribunica potestas' ausgestattet, sodann zum Augustus und Bruder erklärt hatte, sondern

---

[365]) Vgl. S. 97 f.

C. Galerius Valerius Maximianus, der am 1. März 293 von Diokletian adoptiert, zum Cäsar erklärt und mit der Tochter des Kaisers vermählt wurde, während M. Flavius Valerius Constantius von Maximian an Sohnes Statt angenommen und mit der Stieftochter des Augustus vermählt ward. Die Ausdrucksweise Spartians ist nun allerdings leicht irreführend, aber man muß sich erinnern, daß er eben zu Diokletian, dem faktischen Oberkaiser, spricht; insofern konnte er noch sagen, daß auch Constantinus von ihm zum Cäsar ernannt worden sei. Aus dem „quasi quidam principum filii" geht deutlich die (stillschweigende) Bezugnahme auf den Mit-Augustus Maximian hervor[366]). Nach diesem Paragraphen muß angenommen werden, daß Spartian in dem letzten Jahrzehnt des dritten nachchristlichen Jahrhunderts, und zwar nicht vor Frühjahr 293, die Viten des Hadrian und des Helius verfaßt hat[367]).

§ 3—5 beginnt wiederum mit dem verdächtigen „et quoniam", vgl. c. 1, 3. Der Passus ist ein geistloses Elaborat über die angebliche Herkunft des Namen 'Cäsar', das durch die Anführung der „doctissimi viri et eruditissimi" kein Haar besser wird. In § 6—10 handelt es sich um die Namen, die Commodus geführt haben soll, ein tolles biographisches Durcheinander, durch „hic ergo" vgl. V. Hadr. c. 23, 11 eingeführt. § 9/10 erfolgt ein Hinweis auf die dem Capitolinus zugeschriebene Vita Veri. Nach alledem zu urteilen ist § 3 bis 10 ein von dem Schlußredaktor eingeschobener Abschnitt, der ungezwungen sich aus dem ursprünglichen Zusammenhange herausheben läßt. Ebenso war bereits c. 1, 3 auf den Theodosianer zurückzuführen.

Quellenkritisch recht ergiebig sind c. 3 und 4. Hier zeigt sich immer klarer die Richtigkeit unserer Auffassung, daß in einen ursprünglichen Spartianischen Kern durch den Schlußredaktor unorganische Bestandteile eingefügt worden sind.

c. 3: § 1 „ut superius diximus" verweist auf V. Hadr. 23, 1; die Anlehnung selbst im Wortlaut ist evident. Ebensowenig braucht näher erörtert zu werden, daß § 2 aus V. Hadr. 23, 13

---

366) Hiermit wird auch die etwaige Annahme ausgeschlossen, daß das Ganze eine theodosianische Fälschung ist, die mit der Auswahl der beiden Namen Maximianus und Constantius nur die eigene Unwissenheit dokumentierte.
367) Vgl. oben.

entnommen ist. § 3 die Angabe des Wertes des Geschenkes an die Soldaten fehlt in der V. Hadr. 23, 12. Wie es scheint, ist diese Notiz direkt aus der (sachlichen) Quelle der Vita Hadriani übernommen. Es kann natürlich auch sein, daß sie in der primären Hadrianvita des Spartian gestanden hat und von dem Schlußredaktor zugunsten seiner Anekdote § 14 unterdrückt worden ist[368]). § 4—6 ist durchaus verständig, in sachlichem und unparteiischem Tone gehalten: es ist außerordentlich wahrscheinlich, daß ebenso dieser Teil der Vita Helii auf sachlich-historischer Basis beruht, obgleich er sich nicht in der Vita Hadriani, so wie sie uns jetzt vorliegt, findet. Allerdings ist die Art des Exzerptors überhaupt in c. 3, 1—6 etwas konfus; die Dinge sind nicht in der allerbesten Reihenfolge vorgetragen, sondern mehr lose aneinander gereiht. Ich möchte dabei noch auf den eigentümlichen Ausdruck „praeter adoptionis adfectum" aufmerksam machen. § 7 setzt deutlich erkennbar die biographische Tradition von der vorgeblich von vornherein zerrütteten Gesundheit des Commodus ein, die mit der vorher vertretenen sachlichen Auffassung in unlösbarem Widerspruche steht. § 8—9 sind bereits von Peter in Klammern gesetzt worden. Der Abschnitt unterbricht in der Tat den Zusammenhang, aber nicht, wie Peter gemeint hat, zwischen 3, 7 und 4, 1, sondern — zwischen 3, 7 und 4, 7! Die Erwähnung des MM 3, 9 verrät, daß die Partie von dem Schlußredaktor stammt. Er hat mit seiner Einführung „fertur denique ab is, qui Hadriani vitam diligentius in litteras rettulerunt" nur seine angebliche Belesenheit glänzen lassen wollen[369]). Gegenüber der infamen Verleumdung des Hadrian c. 3, 8 ist das biographische Geklatsch des Spartianus noch geradezu harmlos zu nennen. Den geschichtlichen Grund der ekelhaften Entstellung bezeichnet der sachliche Autor in V. Hadr. 23, 10 „sibi forma commendatum".

368) Das Einfachere ist selbstverständlich anzunehmen, daß Spartian in seiner Vita Helii einiges gebracht hat, was in der Hadriani nicht stand, schon der Abwechslung wegen. — Der Unterschied in der Zahlenangabe V. Hel. 3, 3 „sestertium ter milies" vgl. V. Hadr. 23, 14 „quater milies sestertium" erklärt sich vielleicht daraus, daß V. Hel. 3, 3 (sachlich) nur von dem Geschenk an die Soldaten spricht, V. Hadr. 23,14 (biographisch) hingegen von der Gabe an Volk und Heer redet.
369) Zu 3, 9 vgl. V. Hadr. 16, 7; S. 88.

c. 4: Man kann hier zunächst zweifelhaft sein, welche Stellung zu § 1—6 eingenommen werden muß, da man c. 4, 1 allenfalls noch an c. 3, 7 anschließen könnte. Hierzu sind vier Punkte zu beachten:
1) § 5 „constellatio" erweist, daß es sich in dem Abschnitte § 1—6 wie in c. 3, 8—9 um das Horoskop des Cäsar handelt;
2) § 7 „sed eius consiliis iuvit eventus" steht in unmittelbarem Zusammenhang mit dem c. 3, 7 Gesagten: „potueritque cum amovere a familia imperatoria, cum saepe de aliis cogitaret, si forte vixisset".
3) Bei schärferem Zusehen ergibt sich, daß § 6 nur deswegen geschrieben worden ist, um den Anschluß zwischen § 1—5 und 7 herzustellen, und zwar auf eine Weise, die dem Schlußredaktor ganz besonders nahe liegt: „unde apparet..." vgl. V. Hadr. c. 11, 5 [370]).
4) § 7—8 ist erste Kompilation und beruht von „cum de provincia" an auf sachlicher Grundlage [371]). „Sive per se seu per scriniorum aut dicendi magistros" ist selbstverständlich als eigene Zutat des Exzerptors auszuscheiden. Wichtiger ist der Nebensatz „quae hodieque legitur"; das kann sich kaum auf die Zeit des Spartian beziehen, sondern ist wahrscheinlich bereits eine ursprüngliche Bemerkung, zu Anfang des dritten nachchristlichen Jahrhunderts niedergeschrieben [372]).

Dieser Untersuchung zufolge ist c. 3, 8—4, 6 als eine unorganische Zutat des Schlußredaktors auszuscheiden: c. 4, 7 hat ursprünglich direkt an 3, 7 angeschlossen.

C. 4, 7 ist als sachlicher Parallelbericht zu der Vita Hadriani c. 23, 15—16 ausgezeichnet zu verwerten. V. Hadr. 23, 15 hieß es, daß Commodus bereits zur Zeit seiner Adoption so leidend gewesen sei, daß er dem Hadrian nicht einmal im Senate dafür habe Dank sagen können; mag jene Stelle nun

---

370) S. 54.
371) Vgl. das S. 126 sowie Anm. 368 Ausgeführte. Der sachliche Ursprung geht ohne weiteres aus dem Vergleich mit V. Hadr. 23, 15—16 hervor; siehe weiter unten.
372) Cf. z. B. V. Pert. 15, 5; „Beiträge" S. 16.

biographische Entstellung oder aber das „de adoptione" erst von dem Theodosianer irrtümlich hinzugefügt worden sein und die Notiz sich anfänglich (in dem Spartianischen Exzerpte) auf die c. 23, 13 mitgeteilte Designation zum „secundo consul" richtig bezogen haben, für uns ist die Hauptsache jedenfalls die Erkenntnis, daß des Cäsar Krankheit sich erst Ende 137 so verschlimmert hatte, daß eine wirkliche Lebensgefahr für ihn bestand. Daß seine oratio 'pulcherrima' gewesen sei, spricht nur für die geistigen Fähigkeiten des Commodus, die auch durch das prächtig vorsichtige Urteil, wie es der sachliche Gewährsmann c. 3, 6 gefällt hat, nicht herabgesetzt werden. Unsere in dem letzten Kapitel dieser Untersuchungen vertretene Auffassung bestätigt sich in der wünschenswertesten Weise: Commodus war zur Zeit seiner Adoption ein Jüngling, der, mit körperlichen Vorzügen besonders ausgestattet, durch seine geistige Regsamkeit zu den besten Hoffnungen berechtigte[373]). Hadrians Wahl hat keinen Unwürdigen getroffen.

c. 5: „fuit hic", eine fuit-Charakteristik par excellence aus der Feder des Schlußredaktors[374]). Auch einige der bekannten loci communes finden sich wieder[375]); „acceptior forma quam moribus" wiederum die bereits Seite 127 gekennzeichnete biographisch-theodosianische Entstellung von V. Hadr. 23, 10 „sibi forma commendatum" (sachlich!). Überhaupt eignet das gesamte c. 5 dem Schlußredaktor zu, was hier nur mit einigen flüchtigen Strichen gekennzeichnet werden soll. § 3—5 handelt nach MM über das Gericht „tetrafarmacum" mit ausdrücklicher Bezugnahme auf V. Hadr. 21, 4[376]). § 6—8 wird „aliud genus voluptatis" berichtet; § 9—11 erfüllt weiteres rein biographisches und geschichtlich wertloses Detail. Die typischen biographischen Kennzeichen sind reichlich vorhanden. § 12—14 stammen ebenfalls von der Hand des Theodosianers, wie noch später bei Gelegenheit der Besprechung des c. 7 sich zeigen wird.

c. 6: Auch dieses Kapitel ist auf den zweiten Redaktor des Corpus zurückzuführen; dennoch bietet es uns einige interessante Parallelen zu den übrigen Mitteilungen der beiden Viten

---

373) Vgl. S. 116 f.   374) Vgl. S. 107.
375) Vgl. auch Vita Albini c. 13, 1!   376) Dazu S. 94 f.

Hadriani und Helii. So ist 6, 1—5 die biographische Ausgestaltung von V. Hadr. 23,14; die Zahlenangabe ist möglicherweise in Erinnerung an V. Helii 3, 3 geschrieben. Was es mit der Entlassung des „praefectus suus" für eine Bewandnis hat, läßt sich nicht mehr recht entscheiden; ist es vielleicht gar der Praefectus urbi Catilius Severus gewesen, von dem bei freilich ganz anderer, doch zeitlich nicht zu fern liegender Gelegenheit V. Hadr. 24, 6—7 (sachlich) spricht? Zuzutrauen ist der biographischen Tradition jede Verwirrung[377]). Die angebliche Nomenclatur des Cäsar § 6 ist ersichtlich von der gleichen Hand wie c. 2, 6—10 geschrieben, nämlich der des Theodosianers[378]). „Ut diximus" § 6 soll den Anschein hervorrufen, als stamme auch c. 4, 7—8 von ihm; wenn man so will, ist das eine der bereits in der „Einleitung" Seite 3f. gekennzeichneten „Fälschungen". § 7—10 eignen ebenso dem Schlußredaktor zu, wahrscheinlich auf Grundlage des MM, die § 8 die „scientia futurorum" nahelegen könnte. Der Abschnitt setzt mit „doluit ergo" ein; vgl. V. Helii 2, 6; V. Hadr. 23, 11. § 9 ist eine Dublette zu c. 6, 12. Das „diu anceps" ist rein rhetorisch und geschichtlich unzutreffend[379]). Die 'conditio adoptionis' hat wohl quellenmäßig mit der 'lex adoptionis' V. Hadr. 24, 1 (sachlich) nichts zu tun, sondern ist biographischen Ursprungs.

c. 7: § 1, durch die Lieblingsfloskel Spartians „sane" eingeführt, schließt in der Tat auf das beste an c. 4, 8 an, wo uns des ersten Exzerptors sachliche Epitome verließ. Ich stehe nicht an zu behaupten, daß alle Wahrscheinlichkeit dafür ist, daß in § 2 noch einmal der sachlich-historische Autor zu Worte kommt. Die Fassung des Paragraphen ist chronologischpräzis wie nur immer möglich. Außerdem gibt uns das Wort Hadrians, das, wie selbst der blöde Sinn Spartians § 3 bemerkt hat, in vollstem Widerspruche zu der Tendenz des biographischen Materials steht, ein ganz spezielles Verständnis für die Adoption des Commodus durch Hadrian: der greise Kaiser muß eine wirklich hohe Meinung von dem frühverstorbenen Cäsar gehabt haben, er muß der Überzeugung gewesen sein, mit seiner Erhebung die beste Wahl

---

377) Das stärkste Stück findet sich in der Vita des Albinus c. 7, 5; vgl. dazu meine „Beiträge" S. 77 f.
378) Vgl. S. 126.     379) Vgl. S. 118.

zu treffen. Es mag sein, daß er sich darin geirrt hat, aber daß er auch das erste Mal „bloß von Rücksichten auf das öffentliche Wohl geleitet wurde", ist über jedem Zweifel erhaben[380]). Vielleicht gehört das, was Dio Cassius c. 21, 2 („Verissimus") berichtet, unmittelbar neben diesen Ausspruch Hadrians. Der Verweis „ut iam diximus" § 2 zeigt an, daß der Schlußredaktor bemerkt hat, daß er mit c. 5, 12—14 und 6, 9 zwei Dubletten zu dem ursprünglichen Bestande der Vita geschaffen hat; so hilft er sich nun auf die einfachste Art durch eine Verweisung auf das früher Gesagte[381]).

Die Vita Helii endet c. 7, 4—5 mit einem Schlußwort des ersten Kompilators, dessen Hinweis auf die außergewöhnliche Kürze der Biographie eben erst nach Ausscheidung der umfangreichen späteren Zutaten des Theodosianers richtig verständlich wird; denn die anfängliche Vita Helii ist tatsächlich auffallend kurz gewesen[382]). Was es mit der Bemerkung Spartians, er habe sich vorgesetzt „omnes, qui post Caesarem dictatorem, hoc est divum Iulium, vel Caesares vel Augusti vel principes appellati sunt, quique in adoptionem venerunt, vel imperatorum filii aut parentes Caesarum nomine consecrati sunt" in Monographien zu behandeln (vgl. c. 1, 1), auf sich hat, läßt sich nicht mehr entscheiden. Sollte Spartianus wirklich diese Absicht haben ausführen wollen? —

Das Ergebnis der Quellenanalyse der Vita Helii ist in einem kurzen Überblick zusammengefaßt folgendes:

Vor uns liegt eine ursprüngliche Biographie des Helius, von Spartianus verfaßt und dem Kaiser Diocletianus etwa um das Jahr 295 n. Chr., doch nicht vor dem Frühjahr 293, gewidmet. Diese Biographie umfaßt:

---

380) Danach ist die Auffassung von Schiller a. a. O. I 2, S. 626 zu berichtigen.

381) In c. 5, 12 tritt die grenzenlose Unklarheit des theodosianischen Überarbeiters mit besonderer Deutlichkeit hervor: „eius est filius Antoninus Verus, qui adoptatus est a Marco vel certe cum Marco"; nach der Auffassung des Schlußredaktors kommt also das eine wie das andere so ziemlich auf dasselbe hinaus! — Die Bemerkung in § 13 ebd. „nam ipsi sunt, qui primi duo Augusti appellati sunt" braucht keineswegs, wie die folgenden Ausführungen zeigen, auf Vita Hadriani c. 24, 2 (sachlich!) zurückzuführen. Eine derartige Anmerkung lag an und für sich auch der biographischen Überlieferung nahe genug.

382) Vgl. unten S. 132, auch S. 142.

c. 1, 1—2;
c. 2, 1—2;
c. 3, 1—7;
c. 4, 7—8 und
c. 7, 1—5;

also weitaus den kleineren Teil des uns unter dem Namen des Spartianus überkommenen Textes.

In dieser primären Monographie des Helius haben wir auch noch mit einem bis zu einem gewissen Grade selbständigen d. h. von der Vita Hadriani unabhängigen sachlich-historischen Bestande zu rechnen, der in

c. 3, 1—6;
c. 4, 7—8 und
c. 7, 2 (c. 7, 1—2)

zur Geltung kommt. Mithin beruht

c. 2, 1;
c. 3, 7;
c. 7, 3 und vielleicht auch
c. 7, 1

auf der Grundlage der biographischen Überlieferung des Spartianus. Eigene Elaborate des Diokletianischen Rhetors finden sich am Anfange und am Schlusse der Vita, nämlich in

c. 1, 1—2;
c. 2, 2 und
c. 7, 4—5.

Die Kaiserapostrophen, die sich in c. 1, 1 sowie in c. 2, 2 an Diocletianus richten, sind echt.

Der Schlußredaktor, der sogenannte Theodosianische Fälscher, hat, teilweise wieder nach Marius Maximus, stets aber nach biographischem Material, die ihm in dem gekennzeichneten Umfange vorliegende und seinem Geschmack nach viel zu kurz gefaßte Vita Helii erweitert in

c. 1, 3;
c. 2, 3—10;
c. 3, 8—4, 6 und
c. 5, 1—6, 10.

Ende.

## Beigabe I

## Rekonstruktion des sachlich-historischen Exzerptes in Spartians Vita Hadriani

|  | Vita | Epi-tome |
|---|---|---|
| Origo imperatoris Hadriani vetustior a Picentibus, posterior ab Hispaniensibus manat, si quidem Hadria ortos maiores suos apud Italicam Scipionum temporibus resedisse in libris vitae suae Hadrianus ipse commemorat. | 1 | 1 |
| Hadriano pater Aelius Hadrianus cognomento Afer fuit, consobrinus Traiani imperatoris, mater Domitia Paulina Gadibus orta, soror Paulina nupta Serviano, uxor Sabina, atavus Maryllinus, qui primus in sua familia senator populi Romani fuit. | 2 | 2 |
| Natus est Romae VIIII kl. Feb. Vespasiano septies et Tito quinquies consulibus. | 3 | 3 |
| ac decimo aetatis anno patre orbatus Ulpium Traianum praetorium tunc, consobrinum suum, qui postea imperium tenuit, et Caelium Attianum equitem Romanum tutores habuit. | 4 | 4 |
| inbutusque inpensius Graecis studiis, ingenio eius sic ad ea declinante ut a nonnullis Graeculus diceretur, quinto decimo anno ad patriam redit ac statim militiam iniit. venando usque ad reprehensionem studiosus. | 5 / 2 | 5 / 2 |
| quare a Traiano abductus a patria et pro filio habitus nec multo post decemvir litibus iudicandis datus atque inde tribunus secundae Adiutricis legionis creatus. | 2 | 2 |
| post hoc in inferiorem Moesiam translatus extremis iam Domitiani temporibus. | 3 | 3 |
| Traiano a Nerva adoptato ad gratulationem exercitus missus Germaniam superiorem translatus est. | 5 | 4 |
| ex qua festinans ad Traianum, ut primus nuntiaret excessum Nervae, a Serviano, sororis viro, (qui et sumptibus et aere alieno eius prodito Traiani odium in eum movit) diu detentus fractoque consulte vehiculo tardatus, pedibus iter faciens eiusdem Serviani beneficiarium antevenit. | 6 | 5 |
| denique statim suffragante Sura ad amicitiam Traiani pleniorem redit, nepte per sororem Traiani uxore accepta. | 10 | 6 |
| Quaesturam gessit Traiano quater et Articuleio consulibus, in qua cum orationem imperatoris in senatu agrestius pronuntians risus es- | 3 | 3 |

set, usque ad summam peritiam et facundiam Latinis operam dedit.
post quaesturam acta senatus curavit atque ad bellum Dacicum
Traianum familiarius prosecutus est; quando quidem et indulsisse vino
se dicit Traiani moribus obsequentem atque ob hoc se a Traiano lo-
cupletissime muneratum. tribunus plebis factus est Candido et Quadrato iterum conss., in quo magistratu ad perpetuam tribuniciam po-
testatem omen sibi factum adserit, quod paenulas amiserit, quibus
uti tribuni plebis pluviae tempore solebant, imperatores autem numquam. [unde hodieque imperatores sine paenulis a togatis videntur.]
secunda expeditione Dacica Traianus eum primae legioni Minerviae
praeposuit secumque duxit; quando quidem multa egregia eius facta
claruerunt. quare adamante gemma, quam Traianus a Nerva accepe-
rat, donatus ad spem successionis erectus est. praetor factus est sub
Surano *ter et Seneciones* iterum conss., cum sestertium iterum vicies
ad ludos edendos a Traiano accepit. legatus postea praetorius in
Pannoniam inferiorem missus Sarmatas compressit, disciplinam militarem tenuit, procuratores latius evagantes cohercuit. ob hoc consul
est factus. in quo magistratu ut a Sura conperit adoptandum se a
Traiano esse, ab amicis Traiani contempni desiit ac neglegi. et defuncto quidem Sura Traiaui ei familiaritas crebuit, causa praecipue
orationum quas pro imperatore dictaverat, usus Plotinae quoque favore, cuius studio etiam legatus expeditionis Parthicae tempore desti-
natus est. qua quidem tempestate utebatur Hadrianus amicitia Sosi
Papi et Platori Nepotis ex senatorio ordine, ex equestri autem Attiani,
tutoris quondam sui, et Liviani *et* Turbonis. in adoptionis sponsionem
venit Palma et Celso, inimicis semper suis et quos postea ipse insecutus est, in suspicionem *adfectatae* tyrannidis lapsis. secundo consul
favore Plotinae *designatus* totam praesumptionem adoptionis emeruit.
quintum iduum August. diem legatus Suriae litteras adoptionis accepit, quando et natalem adoptionis celebrare iussit. tertium iduum
earundem, quando et natalem imperii statuit celebrandum, excessus
ei Traiani nuntiatus est.

Adeptus imperium ad priscum se statim morem instituit et te-
nendae per orbem terrarum paci operam intendit. nam deficientibus
is nationibus, quas Traianus subegerat, Mauri lacessebant, Sarmatae
bellum inferebant, Brittani teneri sub Romana ditione non poterant,
Aegyptus seditionibus urgebatur, Libya denique ac Palaestina rebelles
animos efferebant. quare omnia trans Eufraten ac Tigrim reliquit
exemplo, ut dicebat, Catonis, qui Macedonas liberos pronuntiavit,
quia tueri non poterant. Partomasirin, quem Traianus Parthis regem

fecerat, quod eum non magni ponderis apud Parthos videret, proximis gentibus dedit regem.

Tantum autem statim clementiae studium habuit, ut, cum sub primis imperii diebus ab Attiano per epistolas esset ammonitus, ut et Baebius Macer praefectus urbis, si reniteretur eius imperio, necaretur et Laberius Maximus, qui suspectus imperio in insula exulabat, et Frugi Crassus, neminem laederet; quamvis Crassum postea procurator egressum insula, quasi res novas moliretur, iniusso eius occiderit. militibus ob auspicia imperii duplicem largitionem dedit. Lusium Quietum sublatis gentibus Mauris, quas regebat, quia suspectus imperio fuerat, exarmavit Marcio Turbone Iudaeis conpressis ad deprimendum tumultum Mauretaniae destinato. Post haec Antiochia digressus est ad inspiciendas reliquias Traiani, quas Attianus, Plotina et Matidia deferebant. quibus exceptis et navi Romam dimissis ipse Antiochiam regressus. Traiano divinos honores datis ad senatum et quidem accuratissimis litteris postulavit et cunctis volentibus meruit, ita ut senatus multa, quae Hadrianus non postulaverat, in honorem Traiani sponte decerneret. cum ad senatum scriberet, veniam petit, quod de imperio suo iudicium senatui non dedisset, salutatus scilicet praepropere a militibus imperator, quod esse res publica sine imperatore non posset. cum triumphum ei senatus, qui Traiano debitus erat, detulisset, recusavit ipse atque imaginem Traiani curru triumphali vexit, ut optimus imperator ne post mortem quidem triumphi amitteret dignitatem. patris patriae nomen delatum sibi statim et iterum postea distulit, quod hoc nomen Augustus sero meruisset. aurum coronarium Italiae remisit, in provinciis minuit, et quidem difficultatibus aerari ambitiose ac diligenter expositis.

Audito dein tumultu Sarmatarum et Roxolanorum praemissis exercitibus *praepositoque Syriae Catilio Severo* Moesiam petit. Marcium Turbonem post Mauretaniam *Aegyptiacae* praefecturae infulis ornatum Pannoniae Daciaeque ad tempus praefecit. cum rege Roxolanorum, qui de inminutis stipendiis querebatur, cognito negotio pacem conposuit.

Nigrini insidias, quas ille sacrificanti Hadriano conscio sibi Lusio et multis aliis paraverat, cum etiam successorem Hadrianus sibimet destinasset, evasit. quare Palma Tarracenis, Celsus Bais, Nigrinus Faventiae, Lusius in itinere senatu iubente, invito Hadriano, ut ipse in vita sua dicit, occisi sunt. unde statim Hadrianus ad refellendam tristissimam de se opinionem, quod occidi passus esset uno tempore quattuor consulares, *per Illyricum* Romam venit Dacia Turboni credita, titulo Aegyptiacae praefecturae, quo plus auctoritatis haberet, ornato, et ad conprimendam de se famam congiarium duplex praesens populo dedit ternis iam per singulos aureis se absente divisis. in senatu quoque excussatis, quae facta erant, iuravit se numquam senatorem nisi ex senatus sententia puniturum. statum cursum fiscalem instituit, ne magistratus hoc onere gravarentur. ad colligendam autem gratiam nihil praetermittens infinitam pecuniam, quae fisco debebatur, privatis debitoribus in urbe atque Italia, in provinciis vero etiam ex reliquis ingentes summas remisit syngrafis in foro divi Traiani, quo magis securitas omnibus roboraretur, incensis. damnatorum bona in fiscum privatum redigi vetuit omni summa in aerario publico recepta. pueris ac puellis, quibus etiam Traianus alimenta detulerat, incrementum liberalitatis adiecit. senatoribus, qui non vitio suo decoxerant, patrimonium pro liberorum modo senatoriae professionis explevit, ita ut plerisque in diem vitae suae dimensum sine dilatione praestiterit. ad honores explendos non solum amicis, sed etiam passim aliquantis multa largitus est. feminas nonnullas ad sustentandam vitam sumptibus iuvit. gladiatorium munus per sex dies continuos exhibuit et mille feras natali suo edidit. Optumos quosque de senatu in contubernium imperatoriae maiestatis adscivit. ludos circenses praeter natalicios decretos sibi sprevit. et in contione et in senatu saepe dixit ita se rem publicam gesturum, ut sciret populi rem esse, non propriam. tertio consules, cum ipse ter fuisset, plurimos fecit, infinitos autem secundi consulatus honore cumulavit. ipsum autem tertium consulatum et quattuor mensibus tantum egit et in eo saepe ius dixit. senatui legitimo, cum in urbe vel iuxta urbem esset, semper interfuit. senatus fastigium in tantum extulit difficile faciens senatores, ut, cum Attianum ex praefecto praetorii ornamentis consularibus praeditum faceret senatorem, nihil se amplius habere, quod in eum conferri posset, ostenderit. equites Romanos nec sine se de senatoribus nec secum iudicare permisit. erat enim tunc mos, ut, cum princeps causas agnosceret, et senatores et equites Romanos in consilium vocaret et sententiam ex omnium deliberatione proferret. exsecratus est denique principes, qui minus senatoribus detulissent. Serviano sororis viro, cui tantum detulit, ut ei venienti de cubiculo semper occurreret, tertium consulatum, nec secum tamen, cum ille bis *ante* Hadrianum fuisset, ne esset secundae sententiae, non petenti ac sine precatione concessit.

......... Campaniam petit eiusque omnia oppida beneficiis et largitionibus sublevavit optumum quemque amicitiis suis iungens.

Romae vero praetorum et consulum officia frequentavit, conviviis amicorum interfuit, aegros bis ac ter die, et nonnullos equites Romanos ac libertinos, visitavit, solaciis refovit, consiliis sublevavit, conviviis suis semper adhibuit. omnia denique ad privati hominis modum fecit. socrui suae honores praecipuos inpendit ludis gladiatoriis ceterisque officiis.

Post haec profectus in Gallias omnes causarios liberalitatibus sublevavit. inde in Germaniam transit pacisque magis quam belli cupidus militem, quasi bellum inmineret, exercuit tolerantiae documentis eum inbuens, ipse quoque inter manipula vitam militarem magistrans, cibis etiam castrensibus in propatulo libenter utens exemplo Scipionis Aemiliani et Metelli et auctoris sui Traiani, multos praemiis, nonnullos honoribus donans, ut ferre possent ea, quae asperius iubebat; si quidem ipse post Caesarem Octavianum labantem disciplinam incuria superiorum principum retinuit ordinatis et officiis et inpendiis, numquam passus aliquem a castris iniuste abesse, cum tribunos non favor militum sed iustitia commendaret, exemplo etiam virtutis suae ceteros adhortatus, cum etiam vicena milia pedibus armatus ambularet, triclinia de castris et porticus et cryptas et topia dirueret, vestem humillimam frequenter acciperet, sine auro balteum sumeret, sine gemmis fibula stringeret, capulo vix eburneo spatham clauderet, aegros milites in hospitiis suis videret, locum *salubrem* castris caperet, nulli vitem nisi robusto et bonae famae daret nec tribunum nisi plena barba faceret aut eius aetatis, quae prudentia et annis tribunatus robor impleret, nec pateretur quicquam tribunum a milite accipere, delicata omnia undique summoveret, arma postremo eorum suppellectilemque corrigeret. de militum etiam aetatibus iudicabat, ne quis aut minor quam virtus posceret, aut maior quam pateretur humanitas, in castris contra morem veterem versaretur, agebatque, ut sibi semper noti essent, et eorum numerus sciretur. laborabat praeterea, ut condita militaria diligenter agnosceret, reditus quoque provinciales sollerter explorans, ut *si* alicubi quippiam deesset, expleret. ante omnes tamen enitebatur, ne quid otiosum vel emeret aliquando vel pasceret.

Ergo conversis regio more militibus Brittaniam petit, in qua multa correxit murumque per octoginta milia passuum primus duxit, qui barbaros Romanosque divideret. Septicio Claro praefecto praetorii et Suetonio Tranquillo epistularum magistro multisque aliis, quod apud Sabinam uxorem in usu eius familiarius se tunc egerant, quam reverentia domus aulicae postulabat, successores dedit, uxorem etiam ut morosam et asperam dimissurus, ut ipse dicebat, si privatus fuisset.

12  12   Conpositis in Brittania rebus transgressus in Galliam Alexandrina seditione turbatus, quae nata est ob Apidem, qui, cum repertus esset post multos annos, turbas inter populos creavit, apud quem deberet
2   2    locari, omnibus studiose certantibus. per idem tempus in honorem
3   3    Plotinae basilicam apud Nemausum opere mirabili extruxit. post haec Hispanias petit et Tarracone hiemavit, ubi sumptu suo aedem
4   4    Augusti restituit. omnibus Hispanis Tarraconem in conventum vo-
5   5    catis dilectumque prudenter et caute consuluit. quo quidem tempore non sine gloria gravissimum periculum adiit apud Tarraconem spatians per viridiaria servo in se hospitis cum gladio furiosius inruente, quem retentum ille ministris adcurrentibus tradidit et, ubi furiosum esse constitit, medicis curandum dedit in nullo omnino commotus.
6   6    per ea tempora et alias frequenter in plurimis locis, in quibus barbari non fluminibus sed limitibus dividuntur, stipitibus magnis in modum muralis saepis funditus iactis atque conexis barbaros sepa-
7   7    ravit. Germanis regem constituit, motus Maurorum conpressit et a
8   8    senatu supplicationes emeruit . . . . . . . . . Bellum Parthorum per idem tempus in motu tantum fuit, idque Hadriani conloquio repressum est.
13  13   post haec per Asiam et insulas ad Achaiam navigavit et Eleusinia sacra exemplo Herculis Philippique suscepit, multa in Athenienses
3   2    contulit et pro agonotheta resedit. post in Siciliam navigavit, in qua Aetnam montem conscendit, ut solis ortum videret arcus specie, ut
4   3    dicitur, varium. inde Romam venit atque ex ea in Africam transiit
5   4    ac multum beneficiorum provinciis Africanis adtribuit. nec quisquam
6   5    fere principum tantum terrarum tam celeriter peragravit. denique cum post Africam Romam redisset, statim ad orientem profectus per Athenas iter fecit atque opera, quae apud Athenienses coeperat, dedicavit, ut Iovis Olympii aedem et aram sibi, eodemque modo per
7   6    Asiam iter faciens templa sui nominis consecravit. deinde a Capa-
8   7    docibus servitia castris profutura suscepit. toparchas et reges ad amicitiam invitavit, invitato etiam Osdroe rege Parthorum remissaque illi filia, quam Traianus ceperat, ac promissa sella, quae itidem capta
9   8    fuerat. cumque ad eum quidam reges venissent, ita cum his egit, ut eos paeniteret, qui venire noluerunt, causa speciatim Farasmanis, qui
10  9    eius invitationem superbe neglexerit. et circumiens quidem provincias procuratores et praesides pro factis supplicio adfecit, ita severe
14  14   ut accusatores per se crederetur inmittere. Antiochenses inter haec ita odio habuit, ut Syriam a Phoenice separare voluerit, ne tot civi-

tatum metropolis Antiochia diceretur. moverunt ea tempestate et | 2 | 2
Iudaei bellum, quod vetabantur mutilare genitalia ... sed in monte | 3 | 3
Casio, cum videndi solis ortus gratia nocte ascendisset, imbre orto
fulmen decidens hostiam et victimarium sacrificanti adflavit. peragrata | 4 | 4
Arabia Pelusium venit et Pompei tumulum magnificentius extruxit.
Antinoum suum, dum per Nilum navigat, perdidit, quem muliebriter | 5 | 5
flevit ..........

    Cum iudicaret, in consilio habuit non amicos suos aut comites 18 15
solum sed iuris consultos et praecipue Iuventium Celsum, Salvium
Iulianum, Neratium Priscum aliosque, quos tamen senatus omnis pro-
basset. constituit inter cetera, ut in nulla civitate domus aliquae | 2 | 2
transferendae ad aliam urbem ullius materiae causa diruerentur. liberis | 3 | 3
proscriptorum duodecimas bonorum concessit. maiestatis crimina non | 4 | 4
admisit. ignotorum hereditates repudiavit nec notorum accepit, si | 5 | 5
filios haberent. de thesauris ita cavit, ut, *si* quis in suo repperisset, | 6 | 6
ipse potiretur, si quis in alieno, dimidium domino daret, si quis in
publico, cum fisco aequabiliter partiretur. servos a dominis occidi | 7 | 7
vetuit eosque iussit damnari per iudices, si digni essent. lenoni et | 8 | 8
lanistae servum vel ancillam vendi vetuit causa non praestita. de- | 9 | 9
coctores bonorum suorum, si suae auctoritatis essent, catomidiari in
amphitheatro et dimitti iussit. ergastula servorum et liberorum tulit. 10 10
lavacra pro sexibus separavit. si dominus in domo interemptus esset, 11 11
non de omnibus servis quaestionem haberi sed de is, qui per vicini-
tatem poterant sentire, praecepit.

    In Etruria praeturam imperator egit. per Latina oppida dictator 19 16
et aedilis et duumvir fuit, apud Neapolim demarchus, in patria sua
quinquennalis et item Hadriae quinquennalis, quasi in alia patria, et
Athenis archon fuit.

    In omnibus paene urbibus et aliquid aedificavit et ludos edidit. | 2 | 2
Athenis mille ferarum venationem in stadio exhibuit. ab urbe Roma 3.4 3.4
numquam ullum venatorem aut scaenicum avocavit. Romae post ce- | 5 | 5
teras [inmensissimas] voluptates in honorem socrus suae aromatica
populo donavit, in honorem Traiani balsama et crocum per gradus
theatri fluere iussit. fabulas omnis generis more antiquo in theatro | 6 | 6
dedit, histriones aulicos publicavit. in circo multas feras et saepe | 7 | 7
centum leones interfecit. militares pyrrichas populo frequenter ex- | 8 | 8
hibuit. gladiatores frequenter spectavit. cum opera ubique infinita | 9 | 9
fecisset, numquam ipse nisi in Traiani patris templo nomen suum
scripsit. Romae instauravit Pantheum, saepta, basilicam Neptuni, 10 10
sacras aedes plurimas, forum Augusti, lavacrum Agrippae, eaque

11 11. omnia propriis auctorum nominibus consecravit. fecit et sui nominis
12 12 pontem et sepulchrum iuxta Tiberim et aedem Bonae Deae. transtulit
et colossum stantem atque suspensum per Decrianum architectum de
eo loco, in quo nunc templum urbis est, ingenti molimine, ita ut
13 13 operi etiam elephantos viginti quattuor exhiberet. et cum hoc simu-
lacrum post Neronis vultum, cui antea dicatum fuerat, Soli conse-
crasset, aliud tale Apollodoro architecto auctore facere Lunae moli-
tus est.
20 17 [In conloquiis etiam humillimorum civilissimus fuit, detestans
eos, qui sibi hanc voluptatem humanitatis quasi servantis fastigium
2 2 principis inviderent. apud Alexandriam in musio multas quaestiones
4 3 professoribus proposuit et propositas ipse dissolvit.] et cum titulos
in operibus non amaret, multas civitates Hadrianopolis appellavit, ut
5 4 ipsam Karthaginem et Athenarum partem. aquarum ductus etiam
6 5 infinitos hoc nomine nuncupavit. [fisci advocatum primus instituit.]
22 18 Tutores saepe dedit. disciplinam civilem non aliter tenuit quam
2 2 militarem. senatores et equites Romanos semper in publico togatos
3 3 esse iussit, nisi si a cena reverterentur. ipse, cum in Italia esset,
4 4 semper togatus processit. ad convivium venientes senatores stans ex-
5 5 cepit semperque aut pallio tectus discubuit aut toga summissa. diligentia iudicis sumptus convivii constituit et ad anticum modum re-
6 6 degit. vehicula cum ingentibus sarcinis urbem ingredi prohibuit.
7 7 sederi equos in civitatibus non sivit. ante octavam horam in publico
8 8 neminem nisi aegrum lavari passus est. ab epistulis et a libellis
9 9 primus equites Romanos habuit. eos, quos pauperes et innocentes
vidit, sponte ditavit, quos vero calliditate ditatos, etiam odio habuit.
10 10 sacra Romana *diligenter* curavit, peregrina contempsit. pontificis ma-
11 11 ximi officium peregit. causas Romae atque in provinciis frequenter
audivit adhibitis in consilio suo consulibus atque praetoribus et optu-
12.13 12.13 mis senatoribus. [Fucinum lacum emisit.] quattuor consulares per
14 14 omnem Italiam iudices constituit. [quando in Africam venit, ad ad-
ventum eius post quinquennium pluit, atque ideo ab Africanis di-
lectus est.]
23 19 ......... [Factus de successore sollicitus primum de Serviano
cogitavit, quem postea] quasi adfectatorem imperii [mori coegit, *item*
Fuscum, quod imperium praesagiis et ostentis agitatus speraret].
10 2 Tunc Ceionium Commodum, Nigrini generum insidiatoris quon-
12 3 dam, sibi forma commendatum adoptare constituit. ob cuius adoptionem ludos circenses dedit et donativum populo ac militibus expendit.
13 4 quem praetura honoravit ac statim Pannoniis inposuit decreto con-

sulatu cum sumptibus. eundem Commodum secundo consulem designavit ......... Denique accepto largius antidoto ingravescente valetudine per somnum perit ipsis Kalendis Ianuariis. quare ab Hadriano votorum causa lugeri est vetitus. Sed mortuo *Commodo* Hadrianus ingruente *tristi* valetudine adoptavit Arrium Antoninum, qui postea Pius dictus est, et ea *qui*dem lege, ut ille sibi duos adoptaret, *Lucium* Verum et Marcum Antoninum. hi sunt qui postea duo pariter Augusti primi rem publicam gubernaverunt. Antonini adoptionem plurimi tunc factam esse doluerunt, speciatim Catilius Severus, praefectus urbi, qui sibi praeparabat imperium. qua re prodita successore accepto dignitate privatus est.

Hadrianus autem ultimo vitae taedio iam adfectus gladio se transfigi a servo iussit. quod cum esset proditum et in Antonini usque notitiam venisset, ingressis ad se praefectis et filio rogantibusque, ut aequo animo necessitatem morbi ferret, dicente Antonino parricidam se futurum, si Hadrianum adoptatus ipse pateretur occidi, iratus illis auctorem proditionis iussit occidi, qui tamen ab Antonino servatus est. statimque testamentum scripsit nec tamen actus rei publicae praetermisit.

Post haec Hadrianus Baias petit Antonino Romae ad imperandum relicto. ubi cum nihil proficeret, arcessito Antonino in conspectu eius apud ipsas Baias perit die VI iduum Iuliarum.

Vixit annis LXII, mensibus V, diebus XVII. imperavit annis XX, mensibus XI.

# Beigabe II

## Rekonstruktion des sachlich-historischen Exzerptes in Spartians Vita Helii

| Vita | Epi-tome | |
|---|---|---|
| 3 | 1 | Adoptatus autem Helius Verus ab Hadriano eo tempore, quo |
| 2 | 2 | iam parum vigebat et de successore necessario cogitabat, statimque praetor factus et Pannoniis dux ac rector inpositus, mox consul creatus |
| 3 | 3 | et, quia erat deputatus imperio, iterum consul designatus est. datum etiam populo congiarium causa eius adoptionis conlatumque militibus sestertium ter milies, circenses editi, neque quicquam praetermissum, |
| 4 | 4 | quod posset laetitiam publicam frequentare. tantumque apud Hadrianum principem valuit, ut praeter adoptionis adfectum, quo ei videbatur adiunctus, solus omnia, quae cuperet, etiam per litteras im- |
| 5. 6 | 5. 6 | petraret. nec provinciae quidem, cui propositus erat, defuit. nam bene gestis rebus vel potius feliciter etiamsi non summi, medii tamen |
| 4 | 2 | optinuit ducis famam . . . . . .   Cum de provincia Helius redisset atque orationem pulcherrimam, quae hodieque legitur, parasset qua kalendis Ianuariis Hadriano patri gratias ageret, accepta potione, qua |
| 8 | 2 | se aestimaret iuvari, kalendis ipsis Ianuariis perit. iussusque ab Hadriano, quia vota interveniebant, non lugeri. |
| 7 | 3 | [Statuas sane Helio Vero per totum orbem colossas poni iussit, |
| 2 | 2 | templa etiam in nonnullis urbibus fieri.] denique illius merito filium eius Verum, nepotem utpote suum, qui pereunte Helio in familia ipsius Hadriani remanserat, adoptandum Antonino Pio cum Marco dedit, saepe dicens: 'Habeat res publica quodcumque de Vero'. |

In den Kolumnentitel auf S. 13 hat sich ein Druckfehler eingeschlichen: statt *Adoptivfrage* lies *Adoptionsfrage*.